Kedma

Éditeur

Jacob Ouanounou

SACRÉE PAROLE

Déchiffrer des Lettres

ESSAI

Kedma

Éditeur

À mes parents, de mémoire bénie,

et à la noblesse de leur bienveillance

À Katia, mon épouse, tendrement;

À nos enfants,

Naomi-Alexandra,

Emmanuel,

Judith,

Myriam

TRANSCRIPTION PHONÉTIQUE
DES LETTRES GUTTURALES

La transcription phonétique de l'hébreu est faite selon les conventions suivantes :

ה : h

C'est le son h du mot *haricot*, ou du mot *havre*, prononcés à l'ancienne.

ח : H

C'est le son h des mots anglais *happy*, ou *home* .

כ : ch

C'est le son du *ch* allemand ou du *j* espagnol.

Par conséquent, la lettre hébraïque שׁ qui correspond au ch ou sh en français, sera transcrite *sh*.

ע : ‘

C'est le son du *r* du mot *parigot* prononcé avec un accent parigot renforcé.

Par ailleurs, le son *ou*, sera transcrit avec la voyelle *u* (qui n'existe pas en hébreu et qui, dans la plupart des langues, correspond à ce son).

Sacrée Parole

תלמוד בבלי: מסכת שבת לֹא. : ת"ר מעשה בנכרי אחד שבא לפני
שמאי אמר לֹו כמה תורות יש לכם אמר לֹו שתים תורה שבכתב ותורה
שבעֹל פה א"ל שבכתב אני מאמינך ושבעֹל פה איני מאמינך גיירני ע"מ
שתלמדני תורה שבכתב גער בו והוֹציאו בנזיפה בא לֹפני הֹלֹל גייריה
יומא קמא א"ל א"ב ג"ד לֹמחר אפיך לֹיה א"ל והא אתמוֹל לֹא אמרת לֹי
הכי א"ל לֹאו עלֹי דידי קא סמכת דעֹל פה נמי סמוך עלֹי:

Talmud de Babylone: Traité Shabbat – Page 31a: Nos maîtres ont
enseigné le récit d'un étranger [non juif] qui s'est présenté devant
Shammaï et lui a demandé: «Combien avez vous de Torah?». Il lui
répondit: «Deux, la Torah écrite et la Torah orale». Il lui dit: «Pour la
Torah écrite je te crois, mais pour celle qui est orale, je ne te crois pas,
convertis moi à la condition que tu m'enseignes la Thora écrite».
Shammaï l'a réprimandé et l'a renvoyé avec colère. Ce même étranger
s'est présenté à Hillel. Hillel a accepté de le convertir. Le premier jour,
Hillel lui a enseigné les lettres dans l'ordre Aleph, Beth, Guimel, Daleth,
puis le jour suivant il a inversé l'ordre. L'étranger lui dit: «N'est-il pas
qu'hier tu m'as enseigné autrement?». Il lui répondit: «Pour mon
enseignement, tu m'as fait confiance, fais moi confiance également pour
la loi orale».

Cher Lecteur,

Sous son air naïf (« fais moi confiance en ce qui concerne la loi orale ») ce petit récit met en relief les accords implicites d'un discours et leur éventuelle incohérence. En effet, apprendre un texte écrit ne peut se faire qu'en apprenant à le lire et à le situer dans son contexte. Or ces deux choses relèvent d'un apprentissage oral. Ainsi, on ne peut pas accéder exclusivement à l'écrit sans un minimum d'oralité.

Il y a donc toujours, inéluctablement, un peu « d'oral » dans tout écrit, comme il y a toujours un peu de non dit dans tout message. Levinas avait dit qu'aucune idée ne peut être totalement et explicitement exprimée : tout discours ne permet que de suggérer.

Peuple du Livre, le judaïsme a initié l'idée que le sacré passe par l'écrit : figer le message dans un texte de référence, dans un texte écrit. Bien sûr, l'écrit sert de référentiel, mais la relation à l'écrit que le judaïsme a inventée ne fait pas seulement de l'écrit un référentiel, mais un élément essentiel du sacré. Le fait que le message soit écrit le rend sacré. Cette idée si spécifique, tellement spécifique que les juifs sont qualifiés de Peuple du Livre, et qui peut paraître originale et inventive, est en réalité très naturelle : parce qu'il traverse le temps, l'écrit est inconsciemment connoté des attributs du divin. Une phrase, aussi belle soit-elle, n'impressionne pas autant que si elle est écrite ou gravée sur un monument. Ainsi acquiert-elle par l'écriture une autre dimension : d'abord intemporelle, puis, parce qu'intemporelle elle devient sacrée. Sa capacité à s'affranchir du Temps, un fardeau dont les humains ne peuvent se défaire, fait de l'écrit un attribut divin et sacré.

Bien que le judaïsme ait poussé à ses limites sa fidélité à l'Écriture, l'exégèse biblique juive pousse très loin la part d'oralité dans la lecture de la Torah Écrite : le néophyte a le sentiment que la Torah orale revisite le texte écrit au point où elle réécrit l'ensemble. Contrairement à ce qui a pu être avancé, le judaïsme ne colle pas à « la lettre » du texte écrit, mais il éclaire la lettre écrite par l'esprit de l'oralité, parfois au prix de son sens premier. La dose juive de cette part orale dans l'enseignement de la Torah semble même aller au-delà du bon sens. Chaque verset, chaque mot est revisité, pressé, retourné, tordu presque pour lui faire dire des choses que le lecteur non initié ne suspecte pas en première lecture.

Malgré cela, malgré son apparente « infidélité » à l'écrit qu'elle retourne et agite, cette manière de lire reste séduisante. Une séduction surprenante, mystérieuse. Une lecture poussé à l'extrême – lire et délire en permanence – qui donne de la Torah une lecture divinement séduisante. Car, bien que cette manière tellement élaborée de lire les textes bibliques puisse paraître difficile à aborder, elle a réussi à traverser les générations, et a insufflé un amour passionnel de ces textes que des méthodes de lecture plus simples, plus « naturelles », n'ont pas engendré.

C'est à une visite dans cet univers du Midrash[1] et du Talmud que je vous invite, afin de comprendre pourquoi et comment la logique de l'exégèse juive opère, et en quoi cette méthode, tellement spécifique au judaïsme, est en réalité inévitable.

Sacrée Parole : déchiffrer des lettres.

---

[1]Le Midrash recueille l'ensemble de l'exégèse juive. Sa compilation écrite date de l'époque romaine, il y a près de 2000 ans, mais la tradition enseigne que son enseignement remonte à Moïse. Il existe plusieurs canons midrashiques dont les principaux sont Midrash Rabba – Le grand Midrash – , Midrash Tan'huma, Yalqut Shim'oni. Le mot Midrash a pour racine Darash, qui signifie demander. Le fondement de l'exégèse juive accorde plus d'importance aux questions qu'aux réponses.

Sacrée Parole

Pour l'exemple

דברים יא:כו : רְאֵה, אָנֹכִי נֹתֵן לִפְנֵיכֶם הַיּוֹם בְּרָכָה וּקְלָלָה

Deutéronome 11:26: Regarde, je dispose devant vous aujourd'hui
bénédiction et malédiction

Avant d'interpréter cette petite phrase, nous aurons besoin d'une brève présentation de la méthode exégétique du judaïsme, et des règles non dites du commentaire juif de la Torah. L'intérêt de mes précautions oratoires apparaîtra de façon évidente à la fin de cet exposé.

L'exégèse juive apporte des éclairages au texte biblique, elle interprète abondamment, use de paraboles, d'analogies, de récits visant à illustrer, ou de contes et de légendes permettant de mettre en perspective chaque mot, chaque verset. Cette abondance de commentaires, où aucun texte ne semble s'arrêter à son sens premier, donne le sentiment d'une liberté de lecture sans fin et sans limite, presque capricieuse. Le lecteur est invité à une lecture inventive du Texte, une lecture qu'il pourrait assez facilement imiter lui-même, en laissant libre cours à sa sensibilité, voire à ses fantaisies ou à ses caprices. Chacun pourrait ainsi produire à l'infini des interprétations similaires, ressemblant aux commentaires du Midrash au moins par leur forme.

Par ailleurs, si l'on s'arrête aux contes et légendes midrashiques, ou à ces récits produits souvent par l'imagination, qui mettent souvent en scène un monarque et ses sujets par exemple, et dont le but est d'illustrer une idée, ils sont souvent séduisants par eux-mêmes, et on pourrait s'attacher à ces histoires anecdotiques, en faire des contes nostalgiques, ou de simples véhicules d'affirmation identitaire, comme lorsque les anciens s'adressent aux plus jeunes, au coin du feu. Bien entendu, ce n'est pas leur but, et ils ont été initialement conçus pour enseigner, pour illustrer ou pour mettre en perspective une idée, une doctrine ou une thèse, une lecture spécifique d'un texte. Un tel détournement de ces contes pour en faire des histoires à raconter sans contexte didactique les vide de leur contenu, et rend d'autant plus difficile leur mise en perspective ultérieure.

Rashi[2], qui est un commentateur de référence de la Bible, ne se permet pas de liberté d'interprétation. La quasi totalité de ses commentaires proviennent directement (ou sont parfois – assez rarement – fortement inspirés par) des textes exégétiques de référence du judaïsme : Midrash Rabba, Midrash TanHuma et Yalqut Shim'oni représentent la quasi totalité des sources de commentaires de Rashi. La

---

[2]Rashi : Rabbi Shim'on ben Yts'Haq, ou Rabbi Shim'on Yits'Haqi : commentateur français du 11è Siècle, prolixe et incontournable, Rashi a commenté toute la Bible et l'ensemble du Talmud.

force de ce commentateur réside dans sa capacité à donner en une ou deux petites phrases la quintessence du commentaire Midrashique, avec une forme d'expression profonde mais qui peut paraître naïve, rendant le commentaire accessible à un enfant, mais toujours digne d'approfondissement pour un adulte. Commentateur prolixe s'il en est, puisqu'il a commenté toute la Bible, ainsi que le Talmud, et contrairement à ce que l'on pourrait penser, Rashi n'interprète pas, ou exceptionnellement, selon son inspiration : il s'appuie sur des commentaires qui font référence, et qui font partie des textes fondateurs du judaïsme, Midrash Rabba, Midrash Tan'huma et Yalqut Shim'oni.

À propos de la liberté d'interpréter, Rashi dit ceci :

אין המקרא הזה אומר אלא דורשני

Ce texte ne cesse de dire «interprète moi».

Ailleurs, il ajoute :

יש מדרשי אגדה רבים ואני לא באתי אלא לפשוטו ולאגדה

Il existe [au sujet de ce texte] de nombreux récits midrashiques,
et je ne suis venu que pour le sens littéral et le récit

En somme, malgré les apparences, Rashi ne s'intéresse qu'au sens littéral, et ne passe à l'interprétation que lorsque le sens littéral ne suffit pas, lorsqu'il ne fonctionne pas. C'est ce qu'il indique lorsqu'il dit, par exemple au sujet du verset 4 chapitre 1 de la Genèse (Béréshit) :

אף בזה אנו צריכין לדברי אגדה

Même à ce sujet, nous avons besoin des commentaires

Il semble donc que Rashi n'envisage un commentaire que lorsque le texte biblique littéral pose problème, lorsque le texte dit lui-même : « commente moi, ne t'arrête pas au sens premier ». Preuve à cela : il existe un commentaire de la Bible, qui est en fait un commentaire du commentaire de Rashi, connu sous le nom de Siftei Ḥachamim (שפתי חכמים)[3] qui explicite la raison d'être de chaque commentaire de Rashi en révélant le problème, implicite dans le texte de Rashi, auquel ce commentaire vient répondre. D'une certaine manière, Siftei Ḥachamim confirme l'idée qu'on n'a pas de raison de commenter un texte si la lecture littérale de ce texte ne pose aucun problème. En somme, Rashi lui-même n'a le droit d'avancer un commentaire (fût-il issu des références fondatrices du judaïsme) que si le texte littéral pose problème.

Vu sous cet angle, le texte biblique soulève une autre question : compte tenu de la profusion de commentaires de la Torah, et que chacun des ces commentaires est rendu nécessaire par une ou plusieurs impasses d'une lecture littérale, comment se fait-il que ce Texte comporte autant de difficultés si on s'arrête à son sens premier ? En effet, puisqu'il y a tant de commentaires, et qu'un commentaire n'est là que lorsque le sens littéral est insuffisant, alors pourquoi ce texte comporte-t-il autant de difficultés dans sa lecture littérale ? Exprimons la chose autrement : pourquoi

---

[3] Œuvre écrite par Shabbetaï Bass, publiée la première fois à Amsterdam en 1680, שפתי חכמים (Propos de Sages) apparaît de nos jours comme une partie des éditions de la Torah de מקראות גדולות (Textes fondamentaux) qui comportent les commentaires de référence du judaïsme. Dans la plupart des éditions, c'est uniquement un extrait qui est publié, sous le titre « עיקר שפתי חכמים » (L'essentiel des propos des sages).

la Torah a-t-elle choisi une forme d'expression obscure dans laquelle, au lieu de dire les choses explicitement, elle les contourne, parle d'autre chose, en délivrant un texte problématique, et en laissant le lecteur faire le travail ?

C'est cela que je veux comprendre avec vous, cher lecteur. Je le ferai en parcourant certains textes de référence, qui donnent des éclairages complémentaires et divers.

Avant de commencer, une précision dont nous comprenons maintenant le fondement : je m'interdirai d'aborder un commentaire sans expliquer au préalable pourquoi le sens littéral est insuffisant et en quoi il pose problème.

*

דברים יא:כו : רְאֵה, אָנֹכִי נֹתֵן לִפְנֵיכֶם הַיּוֹם בְּרָכָה וּקְלָלָה

Deutéronome 11:26: Regarde, je dispose devant vous aujourd'hui
Bénédiction et Malédiction

En quoi ce verset pose problème ?

Il y a une première difficulté évidente : le début de la phrase est conjugué au singulier (*Regardè*), alors que la suite est au pluriel (*Je dispose devant* vous …). Il aurait dû dire, soit « Regardez, je dispose devant vous … » soit « Regarde, je dispose devant toi ».

Deuxième difficulté : à quoi sert « Regarde » ? On pourrait se contenter de « Je dispose devant vous … ». Se mettre ainsi en scène semble relever de l'orgueil.

Une troisième difficulté : le verset est légèrement faux. Ce n'est pas Moïse qui offre ce choix (même si c'est lui qui le dispose, qui le met en place), c'est l'Éternel qui offre ce choix. Il y a là quelque chose de prétentieux, presque délictuel vis-à-vis de l'autorité divine.

Enfin cette mise en scène de soi est assurément prétentieuse : « Je dispose devant vous la Bénédiction et la Malédiction ». À quoi sert cette perspective, à quoi sert ici l'action de « disposer » ? Ne pouvait-il pas dire tout simplement « Vous avez deux possibilités devant vous … » ? Pourquoi Moïse se met-il en scène ici ? De plus, la connotation orgueilleuse de cette phrase est renforcée par l'utilisation du mot אָנֹכִי pour désigner la première personne du singulier, forme d'expression souveraine, alors que אֲנִי aurait suffi.

*

C'est un drôle de destin que celui de Moïse, un homme dont la Thora nous dit :

במדבר יב : ג : וְהָאִישׁ מֹשֶׁה, עָנָו מְאֹד--מִכֹּל, הָאָדָם, אֲשֶׁר, עַל-פְּנֵי הָאֲדָמָה

Nombres 12:3 : Or, cet homme, Moïse, était fort humble, plus qu'aucun homme qui fût sur la terre.

et qui est pris ici en flagrant délit d'orgueil … Un homme plus humble que tout homme qui fût sur la surface du globe, et perçu comme orgueilleux à chaque fois que ses contemporains s'adressent à lui. Car les deux seules fois où des hommes se sont adressés à Moïse individuellement, et où le texte nous donne leur propos exact, Moïse a eu droit à des qualificatifs cinglants.

La première fois, ce fut lorsque deux hébreux se battaient et qu'il avait tenté de les séparer :

שמות ב : יד : וַיֹּאמֶר מִי שָׂמְךָ לְאִישׁ שַׂר וְשֹׁפֵט, עָלֵינוּ

Exode 2:14 : L'autre répondit: « Qui t'a fait notre seigneur et notre juge ? »

La seconde fois, ce fut dans le livre des Nombres, avec le soulèvement de Qora'<u>H</u> :

וּמַדּוּעַ תִּתְנַשְּׂאוּ, עַל-קְהַל ה'

Nombres 16:3: pourquoi donc vous érigez-vous en chefs de l'assemblée de l'Éternel ?

Puis le texte ajoute, comme si cela ne suffisait pas :

במדבר טו:ג : הַמְעַט, כִּי הֶעֱלִיתָנוּ מֵאֶרֶץ זָבַת חָלָב וּדְבַשׁ, לַהֲמִיתֵנוּ בַּמִּדְבָּר כִּי-תִשְׂתָּרֵר עָלֵינוּ, גַּם-הִשְׂתָּרֵר

Nombres 16:17: Est-ce peu que tu nous aies fait sortir d'un pays ruisselant de lait et de miel, pour nous faire mourir dans ce désert, pour prétendre encore t'ériger en maître sur nous!

Il ne semble pas que les congénères de Moïse le considéraient comme quelqu'un de modeste … alors que la Thora nous assure que Moïse était le plus modeste des hommes que la terre ait portés.

Moïse était-il incompris ?

*

Il n'est décidément pas facile de se faire comprendre, même pour Moïse, que ses congénères ont considéré comme prétentieux et orgueilleux, alors que la Thora atteste qu'il était humble !

Comment dire que chacun peut être un grand homme, comment enseigner à un peuple le choix entre la bénédiction et la malédiction, sans laisser entendre que l'on se prend pour un grand homme ? Comment dire *vous avez devant vous le choix entre la bénédiction et la malédiction* et ne pas être pris pour prétentieux. La Thora nous dit que Moïse était modeste, le plus modeste des hommes que la Terre ait portés. Mais comment le faire entendre ? Enseigner que chacun peut-être un grand homme, et prétendre encore à l'humilité, n'est-ce pas le comble de la prétention ?

Pourtant il existe bien une manière d'être, qui ne soit pas orgueilleuse, qui consiste à vouloir que notre prochain se réalise, qu'il ne se gaspille pas. Et cette manière est authentique.

Peut-être vaut-il mieux dans ces cas agir et faire que de le dire … Peut-être vaut-il mieux offrir à son prochain des occasions de se réaliser, lui éviter – comment ? – de se gaspiller, plutôt que de le lui dire. Mais il n'est pas facile non plus de le faire sans créer un sentiment de paternalisme ou de supériorité … surtout si la personne concernée a un *a priori* de cet ordre. Finalement, par l'action ou par la parole, c'est la même impasse.

Au bout du compte, que l'on tente de se faire comprendre par la parole ou par les actes, notre interlocuteur entend-il autre chose que lui-même et ses préjugés ?

*

Le traité Kiddushin, qui est consacré à la formation du mariage, aborde dans ses dernières pages les obligations tacites du couple, entre les conjoints, et à l'égard de leurs enfants. Il y est dit qu'il est de l'obligation du père d'enseigner un métier à son fils. Quant à savoir quel métier il faudrait enseigner à ses enfants, le Talmud répond : n'importe lequel, car dans tout métier il y a des pauvres et des riches. La fortune est après tout une question de *Mazal*, un notion hébraïque entre la chance et le destin : il n'y a pas de métier qui ne comporte de riche, ni de métier qui ne comporte de pauvre. Tout est suspendu au *mazal* semble nous dire cette *guemara* du traité Kiddushin.

Ailleurs, dans le traité Moed Qatan, la même notion est exprimée d'une manière plus tranchée, dans la bouche de Rava (page 28a) :

חיי, ברי ומזוני, לא בזכותא תליא מלתא, אלא במזלא תליא מלתא

La vie, la progéniture et la subsistance ne sont pas une affaire de mérite, mais une affaire de chance (*mazal*)

Les choses essentielles de la vie : la vie elle-même (et la santé qui la rend possible), les enfants et la subsistance ne sont pas le fruit de nos mérites, mais elles sont liées au *mazal*, à notre fortune au sens premier de ce terme, une sorte de décision souveraine prise ailleurs, et qui ne nous dispense pas de faire les efforts qui nous incombent. Une fortune, fruit du hasard, ou du bon vouloir du Créateur, mais non de nos mérites. Finalement, les choses les plus importantes de la vie : la vie elle même, les enfants qui nous permettent de nous réaliser, ainsi que notre subsistance ne nous sont pas accordés au nom d'une « justice », mais selon notre fortune.

Cette doctrine soulève de nombreuses questions. Dans son commentaire Tif'éreth Israël du Traité Kiddushin, Israël Lipschitz[4] discute la question du *mazal*, et son côté arbitraire. Nous ne nous attarderons pas sur la construction logique de son argumentation, mais seulement sur un récit qu'il rapporte, et que je reproduis intégralement pour qui veut aborder le détail du texte.

תפארת ישראל על קידושין פ' ד

שכשהוציא משרע"ה את ישראל ממצרים, שמעו עמים ירגזון וגו', ויתמהו מאד על זה האיש משה, כי על ידו נעשו כל הגבורות והנפלאות האלו ; ולכן התעורר מלך ערביי א' וישלח צייר מובחר לצייר תמונת המנהיג הגדול הזה ולהביאו אליו. וילך הצייר ויצייר תמונתו ויביאהו לפני המלך. וישלח שוב המלך ויבא ויאזף יחדחו כל חכמי חרשים אשר לו, ואל להם לשפוט על פי הפרצוף פניו של משה כפי שמצוייר, לדעת תכונת טבעו ומדותיו, ובמה כחו גדול ? וישיבו כל החכמים יחדיו אל המלך ואמרו, אם נשפט על פי ציור קלסתר פניו של האיש הזה המפורסם לגדול, נאמר לאדוננו כי הוא רע מעללים, בגאות וחמדת הממון ובשרירות הלב,ובכל חסרונות שבעולם שיגנו נפש אדם המעלה. ויקצוף המלך מאד ויאמר , מזה ! הכי תתעלל בי ! הלה בכל אלה שמעתי מכל עבר ופנה בהפך מזה האיש הגדול ? ויחרדו האנשים מאד " וישיבו את המלך בשפל קול התחינה, ויתנצלו הצייר והחכמים, כי כל אחד בחסרון ידיעת חברו" הצייר אמר, אני ציירתיו כהוגן, והחכמים שגו בידיעתם, והחכמים גללו כל החסרון על הצייר שלא צייר תמונת משה כהוגן . והמלך אשר נכסף לדעת מי משניהן יצדק, נסע ברכבו ופרשיו ויבא אל תוך מחנה ישראל" ובבאו וישא עיניו וירא את משה איש האלהים מרחוק וימחר ויקח את הציור מתוך חצנו, ויבט והנהו כתמונתו וכצלמו כאשר ציירו הצייר, קולע אל השערה ולא יחטא. ויפג לבו ויפלא ויתמה עד מאד – וילך ויבא בעצמו אל אהל איש האלהים ויכרע וישתחוה לאפיו, ויספר למשה כל הדברים האלה אשר נעשו – ויאמר עוד, בי אדני איש האלהים, הנה קודם ראותי פניך פני אלהים אמרתי אך אולי הצייר שגה במלאכתו, לבעבור חכמי מפורסמים לבקיאים מאד בחכמת הפיזיאנמי ואין דוגמתם , אך עתה אחרי ראותי כי תמונתך מכוונת אל הציור אשר הביא הצייר, לא נותר בי נשמה רק לאמר כי חכמי בגדו בי, וכי חכמי אליל הם וחכמת מה להם, והם אוכלי שולחני ויתעוני מאז בהבליהם. ויען משה איש האלהים ויאמר, לא כן ! גם הצייר, גם חכמיך, נפלאים הם בידיעתם ובחכמתם" אולם דע לך ! כי לולי הייתי בטבע באמת כפי ששמעת ממדותי, לא טוב אנוכי מבול עץ יבש – כי גם ממנו נמנעו ונחשכו כל חסרונות האדם, ואם כן, הכי בעבור זה אהיה יקר בעיני אלהים ואדם ? אמנם כן ידידי ! לא אבוש לומר לך, כי כל החסרונות אשר שפעו עלי חכמיך, כולם קשורים בי בטבע, ואפשר עוד יותר מאשר שפטו חכמיך" ואני בכח אמיץ הנה החזקתי ורדיתי וכבשתי אותם, עד אשר קניתי לי הפוכם לטבע שני, ולכן ובעבור זה יקרתי והתכבדתי בשמים ממעל ובארץ מתחת

---

[4]R. Israël Lipschitz, né à Dantzig en 1782, mort le jour du jeûne de Gedalia 5621 – 19 septembre 1860 – fut un grand chef spirituel du monde ashkenaze. Il est connu pour son commentaire de la Mishna, Tif'éreth Israël.

En substance, Israël Lipschitz[5] rapporte le récit suivant : lorsque les hébreux sortirent d'Égypte, conduits par Moïse, ce fut un coup de tonnerre : comment une poignée d'esclaves pouvait-elle mettre à terre une puissance régionale comme l'Égypte et défier son armée ? Les rois de la région étaient ébahis, et voulaient en savoir plus sur cet homme, Moïse, qui a réussi à accomplir quelque chose d'aussi incroyable. Un roi de la région envoya discrètement son meilleur dessinateur dans le campement des hébreux pour qu'il fasse de Moïse un portrait fidèle. Lorsque le dessinateur rapporta son dessin, le roi le soumit à ses meilleurs conseillers en psychologie, des morpho-psychologues en quelque sorte, afin qu'ils lui décrivent la personnalité de Moïse. L'avis des morpho-psychologues était unanime : Moïse avait le physique d'un pervers absolu, un homme mauvais, vaniteux, assoiffé d'argent et de pouvoir, empli de pulsions et de travers. Le roi fut surpris et, non convaincu par leurs propos, s'emporta. Le dessinateur affirma alors qu'il avait dessiné Moïse de manière fidèle, jusqu'au moindre détail, et que ce sont les conseillers qui s'étaient trompés. Les psychologues reportèrent la faute sur le dessinateur, et affirmèrent qu'ils avaient jugé selon le dessin qui leur avait été présenté. Le roi décida alors de se faire sa propre idée par lui-même, et alla à la rencontre de Moïse. Lorsqu'il rencontra Moïse, il fut surpris de voir à quel point le dessin qu'il avait entre les mains était fidèle au portrait de l'homme qui était devant lui. Convaincu d'avoir été trompé par ses conseillers, il

____

[5]Israël Lipschitz : exégète allemand de la Mishna (1749 - 1821)

raconta son histoire à Moïse, qui lui expliqua ceci : « Non, ce n'est pas ainsi ! Autant le dessinateur m'a bien dessiné, autant tes conseillers sont brillants et compétents : ils ont bien interprété le dessin, et bien décrit ma personnalité. Mais sache que si ma nature avait été dès le départ emplie des valeurs morales les plus élevées, je n'aurais pas été meilleur qu'une branche de bois sec. Car j'aurais ainsi été dénué de défauts, mais cela aurait-il suffi pour que je sois précieux au Créateur ? Non, mon cher, je n'ai pas honte de dire que tous les défauts que tes sages m'ont attribués sont attachés à ma nature, et peut-être même plus que ce qu'ils t'ont dit. Mais, armé de mon courage et de ma volonté, je me suis renforcé et j'ai dominé et capturé mes défauts, jusqu'à ce que j'aie acheté (acquis) l'inverse de ces défauts comme seconde nature, et c'est ainsi que j'ai acquis ma valeur sur terre et dans les cieux. »

Nous sommes loin ici des contes et légendes d'auto satisfaction, que les peuples se construisent.

Ici, plus encore que de l'autodérision, ce récit dépeint Moïse, le plus grand chef spirituel de l'histoire du judaïsme comme un homme dont la nature est profondément perverse, une personnalité qui pourrait être celle d'un parrain de la pègre. Et c'est cet homme que le judaïsme prend pour exemple, non pour les travers de sa nature, mais pour son combat intérieur contre ces travers, et pour la seconde nature qu'il s'est construite, une nature où la perversité n'est pas absente, mais où elle est tue et dominée, capturée.

*

Si Moïse est la figure historique la plus exemplaire du judaïsme, il n'est pas présenté dans ce récit comme une créature originellement parfaite, destinée par nature à un tel destin. Bien au contraire.

Dans d'autres parties de la Thora, on voit déjà Moïse considérer qu'il n'est pas fait pour un tel destin et refuser cette charge. Le récit fondateur du judaïsme n'est pas une épopée mythique, il prend racine dans la nature humaine la plus simple.

*

Revenons au verset qui fait l'objet de notre étude.

Regarde, je dispose devant vous aujourd'hui bénédiction et malédiction

Lorsqu'on met ce passage en perspective, en le rapprochant du récit d'Israël Lipschitz – dont le but est de décrire la personnalité de Moïse – le sens apparaît plus clairement. Moïse s'adresse à chacun, individuellement, pour lui dire : *toi qui penses être dénué de talent, avoir une nature mauvaise, ou qui te dis 'à quoi bon ?'*, Regarde, *c'est moi, celui dont la nature était initialement perverse et mauvaise, c'est* moi *qui, à force d'efforts et de correction de ma personnalité,* dispose aujourd'hui devant vous, *devant tout le peuple,* la bénédiction et la malédiction.

Moïse semble dire ici : si j'ai pu le faire, tout le monde peut le faire. C'est une humilité extrême qui est à l'œuvre dans les propos de Moïse : mes talents innés sont inexistants, et ce ne sont que mes efforts – mes talents acquis – qui m'ont permis de me hisser au niveau de chef spirituel. Même si la première impression disait tout le contraire, en réalité Moïse pointe ici chaque homme du doigt – comme une publicité fameuse de l'armée américaine – pour dire *you can do it !*

Le sacré et l'alien

Toutes les langues évoluées connues disposent d'un temps particulier du futur : le futur antérieur. Il exprime une action future qui sera terminée avant une autre action, qui lui sert de référence temporelle. Comme dans « Lorsqu'il entamera son dessert, il aura fini son plat » : il n'a pas encore entamé son dessert mais lorsqu'il l'entamera, son plat sera fini. Le plat sera fini au futur, mais ce futur est un temps passé par rapport au dessert.

S'il avait existé, le passé postérieur eût été un temps du passé qui eût permis d'exprimer une action passée qui n'a pas encore été faite lorsqu'une autre action passée a eu lieu. La symétrie des temps futurs et passés aurait dû fonctionner ainsi : le temps du futur antérieur, lorsqu'il est inversé, aurait donné le passé postérieur. Mais l'esprit humain ne perçoit pas de manière symétrique le passé et le futur. Aussi, au lieu du passé postérieur, on a conçu le plus-que-parfait, qui exprime une action qui a précédé une action passée. L'exemple qui a été pris pour le futur antérieur, lorsqu'il est inversé en plus-que-parfait, prend alors la tournure : « Lorsqu'il entamait son dessert, il avait fini son plat ». L'action du plus-que-parfait précède l'action passée qui lui sert de référence temporelle[6].

Le temps inversif

Bien entendu, comme toutes les langues, l'hébreu dispose de formes équivalentes au futur antérieur et au plus-que-parfait. L'hébreu biblique – qui ne vaut que pour les textes de la Bible – propose en plus un temps bizarre, un temps qui fusionne le passé et le futur.

En grammaire hébraïque usuelle, la lettre « Vav » (ו) – consonne équivalente à la lettre *v* , ou *w* – utilisée comme préfixe à un nom commun ou à un verbe, joue le rôle de la conjonction de coordination « et ». Sauf en certaines exceptions prévues par la grammaire, elle est vocalisée avec la voyelle « é ». Cette fonction de la lettre « Vav » est désignée par la grammaire hébraïque par l'expression : וו החיבור ou le « vav associatif ».

La grammaire biblique – qui gère donc l'hébreu de la Bible – prévoit une règle qui donne à ce préfixe une fonction alternative possible : celle d'inverser les temps. Sous la désignation de וו ההיפוך ou « vav inversif », ce même préfixe inverse le passé en futur, et le futur en passé. La vocalisation de cette lettre prend généralement la voyelle

---

[6]Ne disposant pas du « passé postérieur », je n'ai aucun moyen raisonnablement clair et compréhensible d'exprimer ce donnerait cette phrase rédigée en passé postérieur. On peut cependant l'imaginer en considérant que dans notre exemple, c'est la consommation du plat qui indique le temps de référence, et le dessert se place par rapport à cet instant, postérieurement, mais dans le passé.

« a » lorsqu'il s'agit d'inverser un passé en futur, et la voyelle « é » lorsqu'il s'agit d'inverser un futur en passé. Lorsqu'il y a ambiguïté, en particulier lorsqu'il s'agit d'inverser un futur en passé, et que l'on peut comprendre aussi bien une inversion des temps – Vav inversif – qu'une conjonction *et* – Vav associatif – , c'est le contexte qui permet de trancher.

Ainsi, si on considère par exemple le verset biblique Nombres 15:38 :

דַּבֵּר אֶל בְּנֵי יִשְׂרָאֵל וְאָמַרְתָּ אֲלֵהֶם וְעָשׂוּ לָהֶם צִיצִת

Ce qui est vraiment écrit ressemblerait à ceci, où on noterait le vav inversif par le signe ↕ en indiquant entre crochets le verbe auquel l'inversion se rapporte :

«L'Éternel ↕ [parlera] à Moïse en ces termes:
Parle aux enfants d'Israël; tu leur ↕ [disais]: ils ↕ [faisaient] pour
eux-mêmes des franges …'»

Mais le sens traduit de ces versets est plutôt :

«L'Éternel <u>parla</u> à Moïse en ces termes: 'Parle aux enfants
d'Israël; tu leur <u>diras</u> : ils <u>feront</u> pour eux-mêmes des franges …'»

On peut bien sûr considérer que c'est par fantaisie ou par caprice que la grammaire biblique a choisi cette manière compliquée de conjuguer les verbes. Cette manière déroutante, qui dans tout passé exprime du futur, et dans tout futur introduit du passé, serait alors un jeu stérile un peu sadique, qui viserait à dérouter le lecteur en exprimant les choses de façon inversée. Cette façon n'est pas celle avec laquelle les juifs lisent la Bible[7].

On ne peut nier qu'en lisant un texte exprimé sous cette forme inversive, le lecteur s'imprègne inconsciemment de l'idée que tout passé a été porteur de futur, et que tout futur est un passé potentiel. Le futur et le passé ne sont pas figés dans leur état futur et passé, bien entendu, mais cette idée que le futur deviendra passé et que tout passé a été un futur, s'impose d'autant plus lorsqu'elle s'infiltre dans tous les éléments du langage. C'est ce premier effet qui est opéré discrètement par cette façon d'exprimer les temps. Discrètement mais efficacement, car le message est subliminal : tout passé a été un futur potentiel, et tout futur est destiné à devenir passé.

Par ailleurs, d'une certaine manière, cette grammaire biblique qui inverse les temps nous dit sans le dire que ce qu'elle nous raconte n'est pas juste un récit, une histoire qui est le fruit des circonstances ou du hasard. Le texte biblique raconte certes un récit historique, mais un récit dont l'enseignement est fondateur de l'Histoire de l'Humanité. Au moins en ce sens, ce récit historique fait partie des plans fondateurs de la création de l'Humanité. En ce sens enfin, ce récit historique ne peut être le fruit des circonstances, mais, d'une certaine manière, était dès l'origine destiné à se

---

[7]La méthode exégétique du judaïsme s'interdit de considérer qu'un élément de la Bible – mot, phrase, choix de tournure, silence ou insistance – puisse ne pas être porteur d'un message.

réaliser[8]. Bien qu'il soit un récit passé, il a dès l'origine été conçu comme le futur de la Création, son destin. Ce passé était déjà là, il était déjà envisagé, alors qu'il n'était que futur potentiel.

De plus, le simple fait que la Bible exprime le futur avec les outils grammaticaux du passé, et le passé avec ceux du futur, signifie qu'elle se place hors du temps. Mais *Hors du temps* est un attribut divin. En cela, elle est cohérente avec son ambition de sacralité universelle : si l'écrit relève du divin par son intemporalité, il fallait encore que la manière de s'exprimer soit elle même intemporelle, que dans la forme elle fusionne le passé et le futur[9].

*

On peut se satisfaire plus ou moins des traductions, faute de mieux, mais à la condition de garder à l'esprit, comme on l'a vu sur cet exemple, que l'accès au texte hébraïque permet au message d'infuser différemment : d'autres concepts véhiculés par le message percolent insensiblement et font leur œuvre dans l'esprit du lecteur. Cette œuvre opérée par le non-dit, ou par la structure même du langage, comme les images subliminales, est parfois plus efficace qu'un message explicite : des messages non dits

---

[8]Voir à ce sujet le Traité Hullin p. 139b : « Moïse figure-t-il dans la Torah ? ». Une question provocatrice, tant Moïse est mentionné à chaque page de la Torah, qui signifie plutôt : « En quoi le récit de la vie de Moïse relève-t-il de l'Histoire Universelle, pour qu'il mérite de figurer dans la Torah ? ».

[9]Voir à ce sujet « La Clef des Temps » - Jacob Ouanounou - au chapitre « Jéhovah ».

comme l'inversion temporelle, qui rend intemporel ce qui est sacré, ou qui rend éligible au sacré ce qui se place de manière *alien* hors du temps. À cela il faudrait ajouter, même lorsqu'on se contente de traductions, que les espaces sémantiques des langues ne se correspondent pas : les langues n'offrent pas une correspondance biunivoque dans laquelle un mot d'une langue correspondrait exactement à un mot dans l'autre langue. Les significations se recouvrent plus ou moins, un mot d'une langue peut se trouver à mi chemin entre plusieurs mots d'une autre langue, et c'est toujours un choix coûteux que de traduire un texte d'une langue à une autre. Enfin, le traducteur a parfois une impasse : certaines traductions trop fidèles peuvent ne pas passer dans une autre langue, et il est alors impératif de trouver un compromis raisonnable.

C'est pour cette raison que je m'oblige systématiquement à donner le texte hébraïque avant d'en proposer une traduction. En effet, d'une part le travail d'interprétation est fait d'abord sur le texte hébraïque et non sur le texte traduit, et l'effort de citation doit nécessairement précéder l'effort de traduction ; et d'autre part, la fidélité au texte dicte de mentionner sa tournure originelle exacte car c'est le texte originel qui fait foi

Existence

Les instruments qu'une langue utilise pour construire un sens sont un indicateur important de son espace sémantique.

Par exemple, le désert se dit en hébreu מִדְבַּר : le préfixe מ indique la notion de lieu, et la racine דָּבַר évoque la parole. Le désert, par le silence qu'il fait, ou par l'absence, est le lieu par excellence où la parole prend tout l'espace, et donc toute sa force. Ainsi, au lieu de construire le mot « désert » avec le concept négatif d'absence, l'hébreu a choisi d'exprimer le désert avec l'idée que la parole s'y exprime totalement, qu'elle n'y est pas polluée par le vacarme ambiant – comme on parle de pollution lumineuse lorsqu'il s'agit d'observer le ciel. C'est dans un désert que la parole peut résonner. Et c'est dans le désert que les Hébreux ont reçu la Thora.

Or, le mot דָּבַר , qui sert de racine au mot מִדְבַּר signifie à la fois une parole et une chose (un objet).

La construction du verbe parler, לְדַבֵּר, utilise le mode verbal פִּיעֵל qui correspond à une action fortement active et intentionnellement productive. Ce mode de conjugaison ne véhicule pas des actions simples, comme marcher, garder ou écrire. Les actions décrites par ce mode imprègnent fortement la volonté de l'acteur à l'objet de l'action. Grandir quelqu'un – לְגַדֵּל – , réaliser – לְבַצֵּעַ – , ordonner – לְסַדֵּר – sont des verbes de ce mode d'action. Ainsi, le verbe parler, לְדַבֵּר, c'est produire activement du דָּבַר, de la parole. Mais aussi, puisque דָּבַר signifie aussi « chose » ou « objet », parler c'est *choser*, produire des choses et des objets. C'est la parole qui donne de la substance à l'existence d'un objet. C'est la parole qui fait exister les choses.

Parler n'est pas seulement décrire ce qui existe, à supposer qu'il existe une manière objective de décrire ce qui existe qui ne soit pas invasive, qui ne fasse pas des choix. Parler, c'est aussi créer la chose pour qu'elle existe. Ce qui n'est pas dit n'existe pas.

C'est en effet la parole qui crée le cadre dans lequel nos actions ont un sens. Et c'est également la parole qui donne sa place et sa valeur à ce qui existe.

*

Je dirais tout d'abord que toute la structure sociale est fondée sur la croyance ou sur la confiance. Tout pouvoir s'établit sur ces propriétés psychologiques. On peut dire que le monde social, le monde juridique, le monde politique, sont essentiellement des mondes mythiques, c'est-à-dire des mondes dont les lois, les bases, les relations qui les constituent, ne sont pas données, proposées par l'observation des choses, par une constatation, par une perception directe ; mais, au contraire, reçoivent de nous leur existence, leur force, leur action d'impulsion et de contrainte ; et cette existence et cette action sont d'autant plus puissantes que nous ignorons davantage qu'elles viennent de nous, de notre esprit.

Croire à la parole humaine, parlée ou écrite, est aussi indispensable aux humains que de se fier à la fermeté du sol. Certes, nous en doutons çà et là ; mais nous ne pouvons en douter que dans des cas particulier.

Le serment, le crédit, le contrat, la signature, les rapports qu'ils supposent, l'existence du passé, le pressentiment de l'avenir, les enseignements que nous recevons, les projets que nous formons, tout cela est de nature entièrement mythique, en ce sens que tout cela s'appuie entièrement sur la propriété cardinale de nos esprits de ne pas traiter comme choses de l'esprit des choses qui ne sont QUE DE L'ESPRIT.

Or, le caractère essentiel de cette mythique indispensable est le suivant : elle permet l'inégalité dans les échanges, échange de paroles ou d'écritures contre des marchandises ; échange du tiens contre tu l'auras ; échange du présent et du certain contre du futur et de l'incertain ; échange, plus remarquable encore, de la confiance contre l'obéissance, de l'enthousiasme contre le renoncement et le sacrifice, du sentiment contre l'action.

Paul Valéry «La Politique de l'esprit» dans Essais Quasi Politiques, Variétés III (1932) – Gallimard, «Pléiade», 1957, p. 1033

*

La parole se trouve ainsi au carrefour du mythe et du réel : c'est la parole qui transforme des mythes pour en faire une réalité tellement objective et certaine qu'elle déclenche des actions et des mouvements bien factuels ; c'est aussi la parole qui éteint les effets de réalités factuelles observables, mais qui restent sans suite parce que la parole les a minorées, ou qui fait d'un évènement mineur le socle de réalités révolutionnaires.

*

L'existence apparaît ici comme subordonnée au bon vouloir de la parole : c'est la parole qui autorise ou, par son veto, interdit que l'existence des choses trouve un sens qui lui permette d'exister vraiment.

Il n'est pas surprenant alors que la Thora ait fondé le récit de la création du monde sur la *parole*. Ce récit est en effet surprenant à plus d'un titre : le Créateur y apparaît comme doté de parole sonore audible, donc d'une gorge, d'un souffle et d'un corps, donc d'une matérialité, comme toutes les *créatures*. Or il n'est pas logique que le *créateur* de toute créature soit une créature. La parole mentionnée dans le récit la Genèse n'est pas celle des hommes[10] : ce n'est pas un souffle qui se transforme en son à mesure qu'il s'écoule temporellement à travers le canal de la gorge, même s'il n'est pas interdit de penser que le Créateur ait fait résonner des sons à travers l'Univers, pour ne pas démentir le récit qu'Il a fait de la Création. Quand bien même ce serait cette parole qui aurait résonné à travers l'Univers qui serait le

---

[10]Dans son commentaire sur le premier verset de la Thora, Or Ha<u>H</u>ayim de Rabbi <u>H</u>ayim Ben 'Attar (1696-1743) explique que toutes les paroles du Créateur ont été prononcée simultanément. Explicitement :

דברים שאין הפה יכול לדבר, והוא שאמר כל עשרת הדברות בדבור
אחד ולא קדם דיבור לחברו.

Des paroles qu'une bouche ne peut pas parler, c'est-à-dire qu'Il a prononcé les dix paroles [du récit de la Genèse] en une action de parler, et aucune parole n'a précédé l'autre.

Or Ha<u>H</u>ayim affirme en particulier que tout a été créé à l'instant initial, et que cette création s'est ensuivie de transformations et d'évolutions.

germe de la Création, pourquoi choisir la parole et seulement la parole comme acte créateur ? Si c'était pour nous convaincre de la puissance et du pouvoir de l'Éternel, il y avait des moyens au moins aussi impressionnants. Si le but de ce récit est de nous convaincre que le Créateur est assurément le plus grand des sorciers, on aurait pu envisager qu'Il créât par des gestes, par des sentiments, ou par l'idée, l'intention ou l'esprit. Non, tout le récit créatif s'opère uniquement par la parole.

Cette insistance sur la parole comme instrument créateur est sûrement source d'enseignement. Comme nous l'avons dit plus haut : c'est la parole qui fait exister les choses, qui donne de la substance et du sens à leur existence, qui autorise ou interdit que leur existence supposée, confirmée ou ignorée, produise ses effets.

*

Que dit la science sur la notion d'existence ?

La théorie quantique, formulée de manière cohérente au début du 20è siècle, et solidement confirmée depuis par de multiples expériences et d'innombrables applications, fait appel à des concepts contre-intuitifs. En particulier, de nombreuses idées familières y sont bousculés. Sommairement, on peut citer les bizarreries suivantes[11] :

---

[11]Voir *Matière à Contredire*, Étienne Klein, Éditions L'Observatoire, 2018. Étienne Klein est Directeur de Recherche au Commissariat à l'Énergie Atomique. Physicien et philosophe, il dirige le Laboratoire de Recherche sur les Sciences de la Matière.

- Un objet physique n'évolue pas de manière indépendante de son observation : toute mesure a des effets sur l'objet mesuré et sur son évolution ultérieure;

- Les mêmes causes ne produisent pas toujours les mêmes effets : l'évolution des particules microscopiques comporte une part aléatoire ;

- Les composants d'un objet physique ne sont pas séparables dans leur réalité : l'ensemble formé par deux particules n'est pas exactement l'union des deux particules et de leur interaction, mais deux particules qui ont interagi dans le passé sont indéfiniment liées dans leur évolution ultérieure, même si chacune d'entre elle évolue par la suite dans des lieux éloignés ;

- La notion de localité des évènements est imparfaite pour décrire un système physique ;

- En particulier, une particule aussi infime soit-elle emplit par sa présence tout l'Univers, même si sa présence est plus intense dans un volume plus ou moins confiné, que l'on aimerait appeler sa « position » ;

- Les *seuls* instruments qui permettent de se représenter, même simplement, mais exactement les particules ou les systèmes de particules sont exclusivement des outils mathématiques.

*

Comment est-il possible que la mathématique, qui est un produit de la pensée humaine et est indépendante de toute expérience, puisse s'adapter d'une si admirable manière aux objets de la réalité ?

Albert Einstein, cité par René Boire,
«Les applications des mathématiques»
in Les Mathématiques, *Paris, Retz-CEPL, 1973-1975, Les*
Encyclopédies du savoir moderne, p. 184

L'impossibilité de comprendre la réalité comme réelle, élémentaire – c'est-à-dire séparable[12] en composants et en éléments, décomposable en « pièces détachées » – et localisable, et donc ce principe de « non-séparabilité » et de « non-localité », rend l'entreprise de représentation du monde complètement contre-intuitive. Les objets complexes ne sont pas seulement formés de l'association de leurs composants. Ils ne sont représentés exactement que par leur modèle mathématique qui en fait un objet Un et

---

[12]*Comprendre* va de pair avec le *discernement*, c'est-à-dire la capacité de dissocier ce qui est séparé ou différent. L'intelligence se dit en hébreu בִּינָה — bina — et le mot « entre » se dit בֵּין — bèin – . Il est intéressant de noter que les techniques qui se développent actuellement en Intelligence Artificielle s'appuient essentiellement sur des méthodes de classification. En classant les objets dans des catégories, l'ordinateur « apprend » à distinguer une voiture d'une personne, d'un panneau de signalisation, etc. et à prendre les décisions pertinentes, par exemple en conduite autonome. Mais cette distinction est une action humaine, elle n'est pas dans la nature des choses : les choses ne se classifient pas d'elles-mêmes.

indissociable. Un objet physique aussi minuscule soit-il est un et indissociable, non localisable, même si notre esprit exige de notre intuition de lui trouver des composants et de lui attribuer un lieu.

Voici ce qu'en dit Bernard d'Espagnat (1921-2015), Physicien français, diplômé de l'École Polytechnique (promotion 1942) et ayant obtenu son doctorat à l'École Polytechnique et à l'Institut Henri Poincaré :

> *Choses et évènements sont, en dernière analyse, des apparences. Des ombres que l'on discerne sur la paroi de la caverne. Mais, comme toute ombre, ce sont des ombres de … On voit ainsi que je rejette aussi bien le matérialisme (car ce sont des* ombres*) que l'idéalisme intégral (puisque ce sont des ombres de …)*

> Bernard d'Espagnat «La réalité pourquoi et comment?»
> in Revue internationale de philosophie, la Mécanique
> Quantique, n° 212, sous la direction d'Etienne Klein,
> juin 2000, p.201

Des apparences ou des ombres, perméables à l'abstraction plus qu'à une réalité concrète … le monde se dit en hébreu עוֹלָם – un voile, un masque. Un voile, créé par la parole et sujet à la parole.

*

La Kabbale[13] prend le Texte de la Genèse au mot.

Elle considère en particulier que chacune des vingt-deux lettres qui forment l'alphabet hébraïque est dotée d'un pouvoir créateur spécifique qui lui permet d'agir dans une catégorie donnée. Un mot hébraïque, dont la racine est presque toujours formée de trois lettres, fait référence à une action comportant trois composantes : une composante céleste, une composante terrestre, et une composante d'intermédiation entre les aspects terrestre et céleste. Ayant ainsi conféré à chaque lettre un pouvoir créateur, le Créateur aurait prononcé les mots qui ont permis de créer le monde.

Par ailleurs, la tradition juive affirme que dans la conception d'un enfant, le père et la mère sont les associés du Créateur, et participent – non seulement par l'acte concepteur, mais aussi spirituellement – à la *création* de l'enfant.

Je ne sais pas si d'autres en ont déjà parlé, mais j'ai été saisi lorsque j'ai pensé à ceci : la contribution de chacun des géniteurs à l'enfant à naître, hormis le chromosome sexuel qui a une fonction particulière de détermination du genre biologique, cette contribution est formée exactement de vingt-deux chromosomes. Exactement le même nombre que les lettres de l'alphabet hébraïque, qui, selon la kabbale, seraient dotées d'un pouvoir créateur.

---

[13]Je ne prétends pas être kabbaliste, ni être compétent pour en parler avec autorité. Ce que je dis ici relève plus de la culture générale que d'une connaissance experte.

Vingt-deux lettres dotées de pouvoir créateur contre vingt-deux chromosomes – hormis les chromosomes sexuels – apportés de chacun des géniteurs …

*

Peut-on dire de Dieu qu'Il existe ?

Dire d'un être ou d'un objet qu'il existe, c'est dire qu'il a lieu. Avoir lieu : Sa présence se manifeste au *présent* et *quelque part*. Mais Dieu est-Il présent *dans* le Temps, qu'Il a créé ? A-t-Il lieu *en un lieu* ? En d'autres termes est-Il présent, au présent, *dans* l'Espace, qu'Il a créé ?

La tradition juive dissocie l'Éternel de l'Espace et du Temps qu'Il a créés. Il leur est *extérieur* – en quelque sorte, car il y a du spatial dans l'idée d'extériorité – .

Il est dissocié de l'Espace : un des Noms divins, מָקוֹם – Makom – signifie : *lieu*. L'Éternel est Son propre Lieu. Il ne se manifeste pas en un lieu, en ce sens que ce n'est pas un lieu qui contient Sa présence, même si Sa manifestation a des répercussions sur des lieux. Dans son œuvre maîtresse *Pardess*, R. Haïm Vital[14] observe que la valeur numérique du mot מָקוֹם est 186, valeur obtenue également en additionnant les carrés des valeurs numériques des lettres du Nom Divin[15].

Il est dissocié du Temps : le Nom *par excellence* de Dieu, sous sa forme occidentalisée *Jéhovah*, que l'on traduit

______

[14]Haïm Vital (1542-1620), kabbaliste, disciple d'Isaac Louria.

généralement par l'*Éternel*, n'a pas rapport à l'éternité – qui implique l'idée de durer indéfiniment, mais durer *dans le temps* – mais à une existence hors du Temps. D'un point de vue grammatical, la forme hébraïque du Nom *Jéhovah*, est une conjugaison du verbe être dans un temps torturé qui mixe le passé, le présent et le futur. Car c'est seulement *hors du temps* qu'on peut embrasser ces trois temporalités ensemble, les confondre et les agréger[16].

À nouveau, on voit que dès qu'on touche à l'idée de Dieu, les choses s'embrouillent … Dans un texte fort connu dans le rituel juif de la prière, פתח אליהו, extrait du Zohar[17], on trouve la phrase suivante :

אנת הוא חד ולא בחושבן

Tu es Un et pas en nombre

---

[15]Les quatre lettres du Nom Divin ont pour valeurs respectives 10, 5, 6 et 5 et la somme de leurs carrés est : $10^2 + 5^2 + 6^2 + 5^2 = 100 + 25 + 36 + 25 = 186$. Haïm Vital justifie l'utilisation des carrés des nombres – et non des nombres bruts – par l'idée de מיעוט אחר מיעוט. Cette idée qui, dans le domaine législatif (halacha) signifie *exception d'exception*, pourrait être prise ici dans le sens de *restriction après restriction*. L'étude des mots par leur valeur numérique est une projection de leur sens sur un espace plus restreint. En passant par les carrés des nombres, on restreint doublement. De même, l'Univers a été créé après un confinement du Divin, après que le Créateur ait fait place. Ainsi, un lieu particulier de l'Univers est une seconde étape de confinement. D'où l'idée de *restriction après restriction*.

[16]Voir *La Clef des Temps* au chapitre Jéhovah.

[17]Le Zohar, ou Séfèr HaZohar – le livre de la splendeur – est l'œuvre maîtresse de la Kabbale. Il est traditionnellement attribué à Rabbi Shim'on Ben YoHaï. Certaines thèses avancent qu'il pourrait aussi avoir été rédigé par Moïse de Leon autour de 1270, en compilant une tradition orale.

Pour une religion monothéiste comme le judaïsme, cette phrase semble d'une banalité extrême. Mais la phrase suivante dit ceci :

לית מחשבה טפישה בך כלל

Aucun concept n'a la moindre prise sur Toi

On comprend bien l'idée … aucun concept n'a de prise sur le Divin, comme nous l'éprouvons à chaque fois que nous nous y attelons … mais quel est le rapport avec la phrase précédente ? Pourquoi nous dire cela juste après *Tu es Un et pas en nombre* si ce n'est pour nous dire que *Un* est un concept, et que même ce concept n'a pas de prise sur Dieu. *Tu es Un, mais ce n'est pas le nombre Un.* C'est un Un qui est inconcevable pour un humain. C'est un Un qui n'est pas un nombre et qui ne permet pas de compter, car s'il y a un compte, cela appellerait la possibilité d'un deux, d'un trois et ainsi de suite. Lorsque nous disons de Dieu qu'Il est Un, il ne s'agit pas du nombre, mais d'autre chose dont nous n'avons pas idée … car … *aucun concept n'a la moindre prise sur le Divin.*

Ici encore, dire de Dieu qu'Il *existe* est une perception humaine qui attribue au divin des traits anthropomorphiques.

Il y a cependant du génie dans cette idée juive d'associer le divin avec un verbe être conjugué à un temps *alien* qui fusionne tous les temps. Car il ne faut pas perdre de vue cette idée que la croyance humaine au divin trouve sa source et sa cause dans l'énigme originelle de l'existence.

Pourquoi y a-t-il un monde ? Pourquoi y a-t-il une existence ? Pourquoi y a-t-il un *il y a* ? À la fois *pourquoi* et *pour quoi* … car il serait plus « normal » qu'il n'y ait rien, pas même le vide, pas même le néant, pas même l'idée du *néant* ni l'idée de *rien*. Pourquoi, qu'est-ce qui fait qu'il y a une existence, qu'il y a un *il y a* ? Mais aussi, pour quoi, dans quel but y a-t-il une existence ? Et si le but de l'existence est de réaliser une éthique, d'où vient l'existence de cette éthique, *pour quoi* et *pourquoi* y a-t-il une éthique alors que le monde n'existe pas ? Le génie du nom attribué par la doctrine juive au divin, *Jéhovah*, place en le divin **l'essence et la source de l'existence**, de sorte que la question de l'existence de Dieu n'est pas une question possible[18].

*

J'ai eu l'occasion d'aborder le verset suivant lors d'une discussion sur la science et le judaïsme:

תהילים קד:ד : יָסַד־אֶרֶץ, עַל־מְכוֹנֶיהָ; בַּל־תִּמּוֹט, עוֹלָם וָעֶד

Psaumes 104:4: Tu as fondé la terre sur ses colonnes d'appui, pour qu'elle ne chancelle jamais. (traduction habituelle)

Tout d'abord, notons que la traduction parle de l'Éternel à la deuxième personne du singulier, dans la continuité du

---

[18]De sorte que la question de l'existence de Dieu n'est pas une question envisagée par le judaïsme : les textes de référence, comme les commentateurs juifs, ne s'intéressent pas à prouver Son existence. Je ne connais en réalité qu'un commentateur juif de référence qui ait abordé cette question, *Rabbeinou BéHayé*, BaHya ben Yossef Ibn Paquda (IXè siècle), qui, dans son ouvrage חובות הלבבות, au chapitre שער היחוד, se lance dans une timide démonstration de l'existence de Dieu. Toutefois, si son œuvre est souvent citée par les autres commentateurs, ce chapitre n'est cité par personne.

premier verset du psaume 104 (« Éternel mon Dieu **Tu** est infiniment grand ») alors que le texte hébraïque de ce verset 4 est à la troisième personne du singulier, et rompt avec la perspective du début de ce psaume. Mais la langue hébraïque permet de changer de perspective même au milieu d'une phrase, et ce verset 4 est conjugué à la troisième personne du singulier sans violer les règles grammaticales. On devrait traduire : « Il a fondé la terre ... ». Cette simple remarque n'est pas anodine. La possibilité de changer de perspective, et d'évoquer dans la même phrase un même sujet avec un pronom personnel différent permet de mettre chaque action dans son contexte : ici, cela signifie que je peux m'approprier ma relation au divin lorsque je mentionne Sa grandeur (*verset 1 :* « Éternel mon Dieu Tu es infiniment grand ») mais je ne peux pas me l'approprier lorsque je parle de Son action créatrice (*verset 4 :* « Il a fondé la Terre ... »). Cette simple tournure de phrase infuse une idée qui interdit le fanatisme, parce qu'elle m'interdit que d'imposer à autrui ma perception du divin autant qu'elle m'interdit de m'approprier le divin dans Son dévoilement à autrui.

Mais ce passage donne à penser que la Terre est fixe[19] ... et renvoie au problème soulevé par le procès fait par l'Église à Galilée. Ce verset donne à penser que la Bible considérerait que la Terre est fixe : le mot מְכוֹנֶיהָ a été traduit par « colonnes d'appui ». Or ce mot évoque aussi bien מכון (Institut) et donc l'idée d'institution, de structure

---

[19]Certaines traductions donnent même « pour qu'elle soit fixe » au lieu de « pour qu'elle ne chancelle jamais »

d'appui, que מכונה - phonétique : méchona - qui signifie machine, machinerie ou mécanisme et qui évoque des rouages et des moteurs[20]. La difficulté vient de ce que la notion de fixité sous forme *implicitement* passive n'est pas naturelle en langue hébraïque. Même une institution, qui sert d'appui structurel fixe, est exprimée non pas par un concept de fixité mais par un concept de mécanisme. Ce qui fait la solidité d'une institution ou d'un institut (מכון) ce sont ces mécanismes de fonctionnement. Ainsi donc, entre structure d'appui et mécanisme, le mot מְכוֹנֶיהָ laisse le traducteur dans l'embarras. Toutefois, en aucune manière, on ne peut affirmer que ce verset perçoive la planète Terre d'une manière qui aurait été démentie par la science moderne. Il s'offre même le luxe d'exprimer un message compatible avec la science moderne, sans heurter les perceptions populaires médiévales qui l'auraient rejeté avant qu'il n'ait pu prouver sa solidité.

Ainsi, une traduction envisageable de ce verset serait :

Il a fondé la Terre sur ses mécanismes pour qu'elle ne chancelle jamais

Là, on a privilégié l'idée de mécanisme que véhicule le mot מְכוֹנֶיהָ. Mais si l'on veut privilégier l'idée de structure institutionnelle, une idée de solidité (et non de fixité), on peut traduire de la manière suivante :

---

[20]En hébreu, une machine se dit: מכונה (Méchona), une voiture se dit מכונית (Méchonitt) … et le mot utilisé dans le Psaume 104 est מכוניה (Méchonéi-ha) la terminaison 'ha' n'étant là que pour l'adjectif possessif 'ses' (dans : <u>ses</u> mécanismes, ou <u>ses</u> colonnes).

Il a fondé la Terre sur ses structures pour qu'elle ne chancelle jamais

En approfondissant les mots utilisés ici, avec une traduction fidèle à l'espace sémantique de la langue hébraïque, on ne peut aucunement conclure que la Torah aurait-été démentie par la science moderne.

*

זוהר בראשית דף קיז. : ובשית מאה שנין לשתיתנאה יתפתחון תרעי דחכמתא לעילא ומבועי דחכמתא לתתא ויתתקן עלמא לאעלה בשביעאה כבר נש דמתתקן ביומא שתיתאה מכי ערב שמשא לאעלא בשבתא, אוף הכי נמי, וסימניך (בראשית ז') בשנת שש מאות שנה לחיי נח וגו' נבקעו כל מעיינות תהום רבה

Zohar Béréshit (Genèse) Page 117a: À la six centième année du sixième millénaire, s'ouvriront les portes célestes de la sagesse et elles dévoileront l'intelligence sur terre; le monde sera réparé pour s'élever au septième millénaire, ainsi que font les gens [juifs] qui se préparent le sixième jour lorsque baisse le soleil pour s'élever pour le Shabbat; là aussi il en est de même. Le signe à cela est (Béréshit [Genèse] 7:11) «Dans l'année six cents de la vie de Noé, le deuxième mois, le dix-septième jour du mois, en ce jour jaillirent toutes les sources de l'immense Abîme, et les cataractes du ciel s'ouvrirent.»

C'est tout de même osé de faire une prédiction datée comme celle là et de l'écrire près de deux mille ans en avance ; il y a une certaine candeur et en même temps un certain culot et beaucoup d'inconscience dans le fait d'imiter la tournure de phrase du récit du déluge pour en faire une prédiction qui se prétend pré-messianique.

L'année hébraïque qui correspond à la six centième année du sixième millénaire, l'an 5600 du calendrier juif correspond à l'année grégorienne 1840 – en fait, de septembre 1839 à août 1840 – . Or, c'est à partir des années 1830 à 1850 que se constituent les découvertes, inventions et théories qui ont permis à l'homme de produire de l'énergie (turbines électriques pour les barrages), d'exploiter les ressources pétrolières, de se déplacer et de communiquer, et de poser les bases de l'industrialisation. Dans cette même période s'ouvrent à l'homme les connaissances de la mécanique céleste, de la physique en général et de la thermodynamique en particulier, avec le premier réfrigérateur en 1858, de la médecine (première anesthésie en 1846, aspirine en 1853, …) … Tout cela a permis, en quelques décennies, de transformer les conditions de vie des hommes, puis d'engendrer un foisonnement frénétique de découvertes et d'inventions. Depuis lors, l'humanité acquiert des connaissances insoupçonnées, et l'accélération fulgurante du progrès scientifique est effrénée.

L'auteur du Zohar quant à lui s'est contenté de projeter la phrase du déluge : « … en ce jour jaillirent toutes les sources .. et les cataractes du ciel s'ouvrirent. » sur la période qu'il considère comme pré-messianique … pour en déduire qu'à partir de 1840 du calendrier grégorien, l'humanité connaîtrait une accélération inédite des connaissances.

Cela ne prouve rien, certes. Mais cela illustre d'une part, que le judaïsme le plus ancien n'a jamais dénigré ni n'est entré en conflit avec la science, et d'autre part, que sa doctrine est perçue comme intemporelle, au point qu'elle se projette naturellement et sans complexe dans les présages les plus futuristes comme dans la nostalgie la plus antique.

Dans cette logique de projection audacieuse, voilà un discours d'astronomie, extrait du Talmud, qui vaut son pesant d'or :

תלמוד בבלי מסכת ברכות לב: ותאמר ציון עזבני ה׳ וה׳ שכחני ... אמר לה הקב״ה בתי י״ב מזלות בראתי ברקיע ועל כל מזל ומזל בראתי לו שלשים חיל ועל כל חיל וחיל בראתי לו שלשים לגיון ועל כל לגיון ולגיון בראתי לו שלשים רהטון ועל כל רהטון ורהטון בראתי לו שלשים קרטון ועל כל קרטון וקרטון בראתי לו שלשים גסטרא ועל כל גסטרא וגסטרא תליתי בו שלש מאות וששים וחמשה אלפי רבוא כוכבים כנגד ימות החמה וכולן לא בראתי אלא בשבילך ואת אמרת עזבתני ושכחתני

Talmud de Babylone - Traité Bérakhot p.32b: «Sion avait dit: "L'Eternel m'a délaissée, le Seigneur m'a oubliée."» (Isaïe 49:14) … Le Saint béni Soit-Il lui a répondu «Ma fille, J'ai créé dans le ciel douze catégories zodiacales et dans chacune J'ai créé trente armées; à chaque armée J'ai créé trente légions; à chaque légion J'ai créé trente divisions; à chaque division J'ai créé trente bataillons; à chaque bataillon J'ai créé trente compagnies; et dans chaque compagnie J'ai suspendu trois cent soixante cinq mille myriades d'étoiles comme les trois cent soixante cinq jours de l'année solaire, et tout cela Je ne l'ai créé que pour toi, et toi tu dis «Tu m'as délaissée, Tu m'as oubliée.»?

La petitesse de notre destin d'humains dans l'immensité de l'Univers pourrait nous donner matière à contester la centralité de l'Homme qui est revendiquée par toutes les doctrines religieuses, y compris le judaïsme. Ces mêmes doctrines religieuses, nées en des temps reculés, n'avaient nullement connaissance de l'échelle *astronomique* de cette immensité dans laquelle nous sommes plongés, mais affirmaient que l'élément central de l'Univers, l'essentiel de la Création et son but, était l'Homme, l'espèce humaine. À première vue, l'immensité de l'Univers et la démesure de son contenu viennent démentir cette idée de centralité essentielle de l'homme.

À travers ce texte talmudique – écrit avant le cinquième siècle, mais déjà enseigné oralement bien avant le premier siècle du calendrier usuel – non seulement cette immensité est reconnue et clairement exprimée, mais l'argument est inversé : pour l'Histoire de l'Humanité dans sa perspective éthique, il fallait que les bans soient faits, avec roulement de tambours et sonnerie de clairon. Trois cent soixante cinq mille myriades d'étoiles, soit 3,65 milliards d'étoiles dans chacune des innombrables compagnies, bataillons, régiments, armées et autres … tout cela sert de décor fastueux à l'Histoire Éthique qu'a voulue le Créateur pour les Hommes qu'Il a créés.

Une centralité revendiquée avec fracas … roulement de tambours …

L'astronomie moderne s'est bien sûr de son côté penchée sur cette question : combien y a-t-il d'étoiles visibles dans l'Univers ? Il s'agit bien sûr d'établir un ordre de grandeur, plutôt qu'un nombre exact, d'autant plus que chaque jour près de dix milliards d'étoiles y naissent tandis qu'un million d'autres explosent dans l'éclair d'une super nova. La méthode consiste principalement à estimer l'ordre de grandeur moyen d'étoiles par galaxie, puis l'ordre de grandeur du nombre de galaxies et de multiplier ces deux nombres.

Pour l'astronomie contemporaine, l'ordre de grandeur du nombre d'étoiles dans l'Univers visible est de 10^{22}, soit 10 000 000 000 000 000 000 000 (dix mille milliards de milliards) . Le nombre d'étoiles créées, selon le Talmud cité ci-dessus, est de 12 x 30^5 x 365 000 x 10 000 qui est de l'ordre de 10^{18}, soit de l'ordre du milliard de milliards. Le compte n'y est certes pas, mais on peut s'étonner qu'il y a plus de deux mille ans, des gens aient conçu des nombres aussi inconcevables. En effet, au delà de la centaine de milliers, sauf peut-être pour les scientifiques, le commun des mortels se représente les grands nombres de manière biaisée. Non seulement ils les ont conçus, mais 10^{22} et 10^{18} sont des nombres qui « jouent dans la même catégorie » en matière de nombres inconcevables[21].

---

[21]Notons pour finir que le Talmud parle du nombre d'étoiles créées alors que l'astronomie moderne parle du nombre actuel d'étoiles, sachant qu'aujourd'hui il se crée chaque jour près de 10 milliards d'étoiles. Finalement, les ordres de grandeurs ne sont pas si différents.

Dialogue de muets

תהילים נח:ב : הַאֲמְנָם--אֵלֶם צֶדֶק, תְּדַבֵּרוּן

Psaumes 58:2 : Traduction délicate

> *On a tous en nous un monde de choses, chacun un monde de choses à soi. Et comment pouvons-nous nous comprendre, monsieur, si dans les mots que je prononce je mets le sens et la valeur des choses que j'ai en moi; alors que celui qui les écoute les prend inévitablement avec le sens et la valeur qu'ils ont pour lui, avec son monde à lui[22].*
>
> *Pirandello*

Nous connaissons bien les dialogues de sourds ; ici nous parlerons du dialogue de muets.

Dans une approche très rationnelle, structurée tel un schéma d'architecte, on conçoit une situation de dialogue, ou plus généralement, une situation de communication, comme un contexte où la parole, véhicule de sens entre l'émetteur et le récepteur, serait l'instrument de transcription d'un message à transmettre. La parole serait

---

[22]Pirandello, *Six personnages en quête d'auteur*, trad. Stéphane Braunschweig, Les Solitaires Intempestifs, 2012, p.37.

donc le *code* qui permet de traduire – d'exprimer – des idées, des émotions ou des faits. Tel un code, la parole serait « froide », technique, rationnelle : un concept est d'abord traduit en mots par l'orateur … et l'auditeur n'aurait plus qu'à inverser le processus : reconvertir les mots en concepts, pour retrouver l'idée initiale de l'auteur.

Mais cette « mécanique », ce codage des sens en mots, ne fonctionne pas : déjà, la pensée n'est pas possible sans la parole[23].

Si les idées sont véhiculées par la parole, ont aurait pu penser que la genèse des idées était autonome. Que l'idée précéderait la parole, et qu'elle pourrait exister sans elle. Mais, un peu comme la prosaïque image de la poule et de l'œuf, il y a entre l'idée et la parole une interdépendance : c'est la parole qui féconde la pensée avant que la pensée n'enfante l'idée que la parole véhiculera.

L'édifice rationnel, structuré, où la parole n'était qu'un code technique et froid, commence donc à se lézarder. Car il n'y a pas de pensée sans langage.

Alors, la parole pourrait-elle être, dans le cadre d'un dialogue, et dans ce cadre seulement, un instrument froid et « technique », un code de transcription des messages ? Suffit-il de ciseler ses idées dans des mots pour se faire comprendre ? La parole serait ici – dans le cadre du dialogue, et non, dans celui, plus large, de genèse des idées

---

[23]En fait, j'utilise intentionnellement ici le mot *parole* à la place du mot *langage*, car c'est le dialogue qui m'intéresse ici et j'envisage donc les choses que les interlocuteurs expriment en paroles. La tournure rigoureuse de cette phrase aurait dû être : *la pensée n'est pas possible sans langage.*

— un instrument fidèle et un simple code qui permet de traduire ses idées et ses émotions.

On pressent déjà qu'elle ne peut l'être totalement, puisque véhiculant des émotions, elle est elle-même le support de tonalités, de vibrations, de tremblements, d'attitudes ou de traits de personnalité qui n'ont rien de rationnel. La parole se trouve alors elle-même le lieu qui va servir de scène à la théâtralité de l'échange entre celui qui parle et celui qui écoute. Et cette théâtralité est un langage qui fonctionne sans mots, et qui relègue souvent les paroles qui l'ont porté à un rôle subalterne, accaparant tout le message à transmettre, et détournant les mots de leur fonction première. Il y a bien souvent beaucoup plus de contenu dans la théâtralité de l'échange, dans sa mise en scène et même dans ses silences, que dans les mots échangés.

Par ailleurs, si on veut revenir à ce schéma architectural et mécaniste du dialogue, il faudrait au minimum considérer qu'il se trouve, entre celui qui parle et celui qui écoute, un écran, qui joue le rôle d'un filtre. Car celui qui reçoit le message a un vécu, une sensibilité et des références non négociables, qui font que certaines parties du message vont être rejetées, d'autres atrophiées, et d'autres amplifiées. Car certaines idées dites par mon interlocuteur résonnent en moi et peuvent prendre une ampleur sans proportion avec l'intention initiale de celui qui m'a parlé ; d'autres parties du message toucheront en moi des zones trop sensibles pour que je me permette de courir le risque de les accepter telles quelles.

Dans notre illusion de dialogue, on est plutôt incompris : on se retrouve bien seul, inexorablement seul, irrémédiablement seul. Mon interlocuteur ne reçoit de mon message que ce qui lui convient.

*

La parole est moitié à celui qui parle, moitié à celui qui écoute.
Michel de Montaigne

Car, lorsqu'on envisageait la parole comme un instrument technique, un code de communication – quand bien même on y inclurait les codes relatifs à la théâtralité du message, qui sont eux mêmes plus ou moins modélisables sous forme de technique de théâtre – on considérait que la fonction de celui qui parle était de dire ce qu'il avait à dire, et qu'alors le récepteur, celui qui lit ou écoute, comprendrait le message, pour peu que l'on ait pris soin de le traduire fidèlement. Or, l'auditeur – ou le lecteur – entend ce qui lui convient, et considère en toute sincérité que c'était là le message. Croyant lire le message de l'autre, il n'a lu que lui-même.

Alors il faudrait, pour bien se faire comprendre, dire ce que l'auditeur peut ou veut entendre, et que ce dernier comprenne ce que l'orateur voulait dire …

Je disais qu'il fallait au minimum prendre en compte entre les deux acteurs d'un dialogue un écran faisant office de filtre entre l'orateur et l'auditeur. Mais il y a plus : le jeu entre les interlocuteurs est aussi celui de deux miroirs qui se font face. Chacun s'observe dans le regard de l'autre, et, croyant voir l'autre, voit une grande part de lui-même. Je ne perçois en réalité que ce à quoi je suis sensible, et ne le perçois qu'en proportion de cette même sensibilité spécifique. Voilà pourquoi, à nouveau, comme le disait Emmanuel Levinas, aucune idée ne peut être dite ; au mieux, les idées sont suggérées.

Lorsqu'un message est compris exactement comme il a été originellement construit, lorsque le lecteur ou l'auditeur reçoit exactement et entièrement l'idée originelle de l'auteur ou de l'orateur, cela relève d'une certaine forme de miracle. Un miracle probablement bien rare, car comment peut-on vérifier que ce qu'on a compris est exactement ce qu'on a voulu nous signifier ?

*

Je propose donc un théâtre où des images physiques violentes broient et hypnotisent la sensibilité du spectateur pris dans le théâtre comme dans un tourbillon de forces supérieures.
Artaud, Le théâtre et son double

Dans *Le théâtre et son double*, Artaud va jusqu'à prendre le risque[24] de banaliser la violence dans le but de convoquer immédiatement la sensibilité du spectateur, le broyer, afin qu'il entende *enfin* ce qu'on a vraiment à lui dire. La gesticulation ne suffit plus, on fait violence au spectateur pour qu'il ne s'assoupisse pas dans des sensations banales, mais qu'il *écoute* enfin *vraiment* ce qu'il y a d'inédit dans ce qui lui est dit.

*

----

[24]Quelques lignes plus loin, Artaud le dit clairement : *Il y a là un risque, mais j'estime que dans les circonstances actuelles il vaut la peine d'être couru.*

Au chapitre 23 de la Genèse, le Texte biblique donne le récit de l'accomplissement par Abraham de son devoir funéraire à l'égard de Sarah son épouse, en particulier concernant la négociation de l'achat par Abraham du terrain[25]. On notera dans ce passage la répétition insistante du verbe *écouter* :

> *Béréshit 23 : 3-16 :* [3] *Abraham, ayant rendu ce devoir à son mort alla parler aux enfants de Heth en ces termes:* [4] *"Je ne suis qu'un étranger domicilié parmi vous: accordez-moi la propriété d'une sépulture au milieu de vous, que j'ensevelisse ce mort qui est devant moi."* [5] *Les enfants de Heth répondirent à Abraham en lui disant:* [6] *"<u>Écoute-nous</u>, seigneur! Tu es un dignitaire de Dieu au milieu de nous, dans la meilleure de nos tombes ensevelis ton mort. Nul d'entre nous ne te refusera sa tombe pour inhumer ton mort."* [7] *Abraham s'avança et se prosterna devant le peuple du pays, devant les enfants de Heth,* [8] *et il leur parla ainsi: "Si vous trouvez bon que j'ensevelisse ce mort qui est devant moi, <u>écoutez-moi:</u> priez en ma faveur Éfron, fils de Cohar,* [9] *pour qu'il me cède le caveau de Makpéla qui est à lui, qui se trouve au bout de son champ; qu'il me le cède pour argent comptant, comme propriété tumulaire au milieu de vous."* [10] *Éfron siégeait parmi les enfants de Heth. Éfron le Héthéen répondit à Abraham en présence des enfants de Heth, de tous ceux qui étaient venus à la porte de sa ville et dit:* [11] *"Non, seigneur, <u>écoute-moi</u>, le champ, je te le donne; le caveau qui s'y trouve, je te le donne également; à la face de mes concitoyens je t'en fais don, ensevelis ton mort."* [12] *Abraham se prosterna devant le peuple du pays* [13] *et parla ainsi à Éfron en présence du*

----

[25] *L'utilisation que nous allons faire de ce texte ne nécessite pas une traduction fine, aussi le texte hébraïque n'est pas repris ici.*

peuple du pays: "Ah! s'il te plaît, <u>écoute-moi</u>: j'offre le prix de ce champ, accepte-le, que j'y puisse enterrer mon mort." ¹⁴ Éfron répondit à Abraham en lui disant: ¹⁵ "Seigneur, <u>écoute-moi</u>: une terre de quatre cents sicles d'argent, qu'est-ce que cela entre nous deux? Enterres-y ton mort." ¹⁶ Abraham <u>écouta</u> Éfron et lui compta le prix qu'il avait énoncé en présence des enfants de Heth: quatre cents sicles d'argent, en monnaie courante.

Qu'on le veuille ou non, il se dégage de ce texte une difficulté des protagonistes à <u>se faire</u> entendre : alors qu'il s'agit du récit banal d'une transaction, chacun répète à l'envi *'Écoute moi'*.

On assiste là à un véritable dialogue de sourds : Efron pense probablement qu'Abraham dit ce qu'il convient de dire en une telle circonstance, et lui répond ce qu'il croit qu'il convient de répondre, alors qu'Abraham signifie bien ce qu'il dit. Chacun interpelle l'autre pour qu'il l'écoute, et le texte conclut sur l'écoute qu'a faite Abraham du propos d'Efron : en s'exprimant selon les conventions, ce dernier avait refusé de se faire payer, mais en précisant toutefois la valeur du bien. L'indication était suffisante pour qu'Abraham verse ce montant pour l'acquisition de ce lopin de terre.

*

תהילים נח:ב: הַאֻמְנָם אֵלֶם צֶדֶק תְּדַבֵּרוּן

Psaumes 58:2: *Traduction délicate*

Énumérons d'abord les difficultés de traduction de ce verset.

Le premier mot, הַאֻמְנָם – ha-oumnam – est formé du préfixe interrogatif הַ, et du mot אֻמְנָם, qui signifie *vraiment,* ou *certes.* Sous la forme interrogative suggérée par son préfixe, on peut le traduire par une variante renforcée de « est-ce que » : *est-ce vraiment …*

Pour le deuxième mot, אֵלֶם – élem – il y a deux gammes possibles. Soit on prend le mot tel quel, et il s'agit d'un orme (l'arbre). Soit en considérant que les psaumes utilisent une structure poétique qui prend certaines libertés rythmiques sur les mots, et dans ce cas il s'agirait du mot אִלֵּם – ilem – qui signifie *muet.*

Ainsi, la traduction (en petit nègre) des deux premiers mots rassemblés donne deux options : la première serait *est-ce que [tu es] orme ?*, et la seconde serait *est-ce que [tu es] muet ?.* Même si on prend en compte le fait qu'en hébreu le verbe être au présent est implicite (le verbe être est sous entendu lorsqu'il est au présent) il manque le sujet. Mais comme le mot אֵלֶם est au singulier, on dispose de six possibilités de traduction, selon qu'on choisit la première, la deuxième ou la troisième personne du singulier, associée à chacune des deux alternatives *orme / muet.* Dans le cas par exemple où on opterait pour la deuxième personne du singulier, on aurait les possibilités *est-ce que tu es un orme ? Et est-ce que tu es muet ?*

Avant de progresser dans cette traduction, notons que l'orme peut être ici un moyen de suggérer un attribut humain de puissance, et la première option de traduction signifierait « est-ce que tu es puissant ? ».

Le troisième mot צֶדֶק – tsédék – fait référence à la justice[26].

Enfin le dernier mot, תְּדַבֵּרוּן – tédabbéroun – est une forme poétique quelque peu élaborée de תְּדַבְּרוּ - tédabbérou – qui se traduit aisément : *vous parlerez*. Ce verbe peut être compris au futur comme à l'impératif, ainsi que le suggère sa traduction en français.

En rassemblant maintenant toutes les pièces, toujours avec une traduction brute, nous avons deux options :

- Est-ce que tu es muet ? Parlez donc de justice.

- Est-ce qu'en vérité, le puissant, vous[27] prononcez de justes arrêts[28] ?

Notez dans les deux cas le changement de perspective – usuel en hébreu – : la même personne est d'abord abordée individuellement au singulier (Est-ce que tu es muet / Est-ce qu'en vérité le puissant) pour ensuite être plongée dans un pluriel (Parlez-donc de justice / Vous prononcez de justes arrêts). Toutefois, le changement de nombre, passant du singulier au pluriel, interpelle au point de provoquer une certaine gêne. À qui s'adresse-t-on ici ? À un singulier ou à

---

[26]En hébreu, la charité est construite sur la même racine que la justice. Les notions de justice et de charité sont extrêmement proches l'une de l'autre lorsqu'on les exprime en hébreu.

[27]Il n'y a pas de vouvoiement en hébreu : ce *vous* a obligatoirement une valeur de pluriel.

[28]Ici, pour obtenir cette traduction, on n'a pas opté pour un verbe être qui serait absent, comme l'autorise la grammaire hébraïque (et qui aurait donné « est-ce que tu es puissant ») mais on a considéré que le mot אֵלֶם était le sujet de la seconde partie de la phrase.

un pluriel ? Et pourquoi singulariser le muet, lorsqu'il s'agit d'enjoindre à parler de justice ?

Il est également intéressant de noter que tous ces messages sont crédibles en tant que messages bibliques : « Est-ce que tu es muet ? Parlez donc de justice » / « Est-ce qu'en vérité, le puissant, vous prononcez de justes arrêts ? » sont des messages éligibles à un message biblique. En ce sens, il n'est pas impératif de faire un choix : on peut garder les deux significations simultanées, des significations qui s'enrichissent mutuellement. Ainsi, la force du texte biblique, et ce qui en a fait son caractère universel, réside peut-être dans ces phrases universelles, qui, avec des moyens rudimentaires et un texte qui paraît très simple, s'adresse individuellement à chaque sensibilité pour délivrer plusieurs sens à la fois.

Voyons comment les deux options de traduction se complètent : la première option *est-ce que tu es muet, parlez donc de justice* s'adresse à chacun, au commun des hommes, mais lui rappelle en sourdine la deuxième option, la responsabilité des dirigeants qui le protègent : *est-ce qu'en vérité, le puissant, vous prononcez de justes arrêts ?* Quant au dirigeant, il est convoqué à sa responsabilité, sans oublier qu'il ne peut prononcer de justes arrêts que si le commun des citoyens le soutient, que le commun des hommes n'est pas muet et exprime son exigence de justice.

Tout cela est dit en une phrase simple, qui passe inaperçue.

*

Malgré tout, ces deux traductions ont une faiblesse qui a été mentionnée plus haut : le sujet est omis, et nous avons décidé de choisir la deuxième personne du singulier. Même si le singulier nous est imposé, car le mot אֵלֶם est au singulier, on aurait pu choisir une des trois personnes … comme *est-ce que je suis muet, parlez de justice* … ou *est-ce qu'il est muet, …*

Certes, d'un point de vue grammatical, lorsque le contexte ne laisse aucune ambiguïté possible, on peut omettre le sujet. Mais là, la phrase poursuit au pluriel, car תְּדַבֵּרוּן – tédabbéroun – est un pluriel, et ne dispose pas d'un contexte préalable qui permette de deviner le sujet. Ici, la mention du sujet n'est plus une option dans la première partie de la phrase : on devrait y trouver un sujet explicite. En l'occurrence, si l'on doit opter pour la deuxième personne du singulier, le texte aurait dû le préciser en ajoutant le mot אַתָּה – atta – qui signifie *tu*. On aurait eu alors pour la première partie de la phrase : הַאֻמְנָם אַתָּה אֵלֶם.

Ainsi exprimé, en ajoutant ce mot אַתָּה , on conserve bien les deux alternatives de traduction mentionnées plus haut (muet / puissant), mais la tournure est un peu lourde. En effet, il aurait été plus naturel et plus fluide d'utiliser un autre mot pour formuler l'interrogation *est-ce que* : הַאִם . La formulation suivante aurait donc été plus naturelle : הַאִם אַתָּה אֵלֶם – ha-im atta élém – qui aurait donc pu être traduite par *est-ce que tu es muet ?* Ou par *est-ce que tu es puissant ?*

Mais ce n'est peut-être pas par hasard que la Bible a choisi le mot הַאֻמְנָם plutôt que le mot הַאִם qui aurait été moins lourd. En effet, il y a un autre mot dont la sonorité est proche de הַאֻמְנָם : c'est le mot הָאֻמָּן – haoumman – qui signifie *l'artiste*[29]. En utilisant le mot הַאֻמְנָם , le texte nous suggère la sonorité – et donc le sens – de הָאֻמָּן , l'artiste.

Si l'on rassemble maintenant les mots, une traduction en petit nègre serait : *l'artiste muet parlez de justice*. Le verbe être qui est omis dans cette phrase – rappel : le verbe être est toujours absent au présent … – donne avec une traduction plus lisible : *l'artiste est muet, parlez de justice*.

En somme, l'enseignement de ce verset est le suivant : la meilleure manière de se faire comprendre se fait sans les mots. D'une certaine manière, les mots sont une béquille qui permet de faciliter l'expression comme la béquille facilite la marche. Mais en vérité les mots polluent le message avec leurs imperfections, leur force excessive et leur vacarme, comme la béquille dénature la marche. C'est pourquoi les muets excellent pour se faire comprendre : ne pouvant utiliser les mots, se faire comprendre est pour eux un art accompli. *L'artiste est muet !* Si le dialogue de sourds – au figuré – est un dialogue raté, le meilleur dialogue est celui des muets. L'artiste n'a pas besoin des mots pour se faire comprendre. Mieux, on se fait mieux comprendre sans les mots, à condition d'être un artiste.

---

[29]*Artiste* se dit en hébreu אֻמָּן et le préfixe הַ joue ici le rôle d'article défini, alors que dans le mot הַאֻמְנָם ce même préfixe avait une fonction interrogative – est-ce que ? – .

Cependant, lorsqu'on ne sait pas manier le silence *comme art de communication*, on <u>doit</u> parler, et parler de justice. C'est à cette parole que ce verset nous convoque, et cette parole est obligatoire.

Si vous n'êtes pas un artiste du silence, vous avez l'obligation de parler : parlez de justice.

> *C'est la parole qui est d'or ; le silence est de plomb.*
>
> *Hervé Bazin*

Mais vous n'êtes pas muets – autrement dit, vous n'êtes pas des artistes – , vous n'avez pas le droit de vous taire. Le silence, comme mode d'expression, n'est pas un art où vous excellez. Alors, puisque vous devez parler, *parlez donc de justice*[30].

---

[30]Cette option de traduction n'enlève rien aux précédentes, elle vient les enrichir et les compléter.

Pacte d'Alliance

שמות לד:כז: וַיֹּאמֶר ה' אֶל-מֹשֶׁה כְּתָב-לְךָ אֶת-הַדְּבָרִים הָאֵלֶּה: כִּי עַל-פִּי הַדְּבָרִים הָאֵלֶּה, כָּרַתִּי אִתְּךָ בְּרִית וְאֶת-יִשְׂרָאֵל

Shémot (Exode) 34:27: L'Éternel dit à Moïse: «Consigne par écrit ces paroles; car c'est selon ces mêmes paroles que j'ai conclu une alliance avec toi et avec Israël.»

Ce verset ne devrait pas passer l'examen d'une lecture attentive. On ne devrait pas le parcourir sans éprouver une certaine surprise et s'y arrêter.

Reprenons le contexte : nous sommes dans le récit donné par la Thora du séjour de Moïse sur le mont Sinaï, séjour au cours duquel Moïse reçoit l'enseignement de la Thora. Au milieu de l'échange, Dieu lui dit en substance : « Écris ce que Je te dis ». Qu'est-ce que Moïse pouvait écrire d'autre ? Il n'est là que pour ça : écrire ce que Dieu lui dit. Peut-on imaginer que Moïse écrive autre chose ?

Pourtant, ce verset passe inaperçu, et rares sont les lecteurs qui s'y arrêtent[31]. Chacun passe son chemin tranquillement. Le croyant lit avec respect et dévotion tout ce qu'on lui raconte : Dieu a bien le droit de dire ce qu'Il veut à Moïse, même si ça n'a pas de sens. Quant au non croyant, il s'en fiche ! Le Texte peut dire ce qu'il veut, que cela soit consistant ou non, de toutes façons il n'y croit pas … Comme nous l'avons évoqué plus haut, chacun crie *écoute moi*, tout en n'écoutant que lui-même.

À ce propos, Rashi explique ce passage de la manière suivante :

את הדברים האלה. ולא אתה רשאי לכתוב תורה שבע״פ:

Ces paroles: mais tu n'es pas autorisé à écrire la Thora Orale

Dans la tradition juive, la Thora Orale – תורה שבעל פה – Thora shé Béal Pé , littéralement Thora qui est sur la bouche – comprend le Midrash, le Talmud, et, par extension, les commentaires et interprétations de la Thora. Elle constitue une doctrine transmise oralement, de manière indissociable de la Thora écrite – תורה שבכתב – Thora shé bichtav – . La Thora Orale se veut fidèle à son origine sinaïtique, tout en permettant que s'opère insensiblement un renouvellement à travers les générations. Il ne s'agit pas d'un renouvellement qui remette en cause le message originel, car le texte oral est lui-même fixé dans sa forme, mais son oralité ouvre des perspectives diverses selon les sensibilités. Ce n'est qu'après

---

[31]D'une certaine manière, la Thora a l'Art de dire des phrases qui ne tiennent pas la route, et qui pourtant passent confortablement, de manière imperceptible. C'est probablement pour cela que l'exégèse juive est si abondante : à chaque fois, la lecture attentive se bloque et le lecteur est interpellé, convoqué pour comprendre.

la destruction du Second Temple de Jérusalem qu'il fut décidé de transgresser l'interdit de consigner par écrit la Thora Orale, car l'exil qui se profilait et l'oppression qui s'opérait en Terre Sainte faisaient courir le risque que ces enseignements tombent dans l'oubli.

En somme, le Talmud, comme les interprétations de la Thora – et donc aussi ce que je suis en train d'écrire – ne peuvent être écrits que depuis qu'il fut décidé de transgresser cet interdit du fait du risque encouru.

Le Peuple du Livre a eu cette idée sublime de consigner par écrit et de fixer ce qui fait le cœur de son identité : la Thora Écrite, puis la Thora Orale. Cette idée qui lui a permis de traverser des siècles et des oppressions a aussi introduit une dimension intemporelle, donc sacrée, dans son message. Mais le Peuple du Livre a aussi construit une oralité, qui, faisant vivre le texte, a permis à des sensibilités diverses de le travailler, et il a tellement excellé dans cette oralité, que le Talmud est aussi universellement notoire que la Thora, de sorte qu'on peut dire du judaïsme que c'est une doctrine du « non écrit », au moins autant que celle d'un « Peuple du Livre ». Enfin, le texte écrit soulève des difficultés – comme celle que nous discutons maintenant – qui le rend indissociable de l'enseignement oral qui lui est indispensable.

Si l'écrit, parce qu'il est intemporel, relève du divin, l'oral quant à lui, parce qu'il est dynamique, relève de la vie. C'est dans l'oralité que le débat a lieu, et c'est donc dans l'oralité que le débat et la controverse s'installent pour que l'argumentation méticuleuse s'opère, apportant au texte écrit une vitalité qu'il ne peut produire tout seul. C'est finalement l'oral qui convoque à la vie autant le texte écrit que ses lecteurs. Le jumelage, l'interdépendance même de ces deux pans de la doctrine juive – Thora orale et Thora écrite – confère à l'un la vitalité de l'autre, et à l'autre l'éternité sacrée du premier.

וְאַתֶּם הַדְּבֵקִים בַּה' אֱלֹהֵיכֶם חַיִּים כֻּלְּכֶם הַיּוֹם.

Et vous qui êtes restés fidèles à l'Éternel, votre Dieu, vous êtes tous vivants aujourd'hui!

La fidélité, lorsqu'elle s'ouvre sur l'interprétation, le dialogue, la lecture et la transmission orales, n'est pas source d'enfermement mais de vitalité.

*

Là donc, selon le commentateur Rashi, le message véhiculé par ce verset est l'interdit fait aux juifs d'écrire la Loi Orale.

« … car c'est selon ces mêmes paroles que j'ai conclu une alliance avec toi et avec Israël.»

Pour pouvoir prétendre à cette universalité et à cette vitalité, les paroles sont ciselées, travaillées de sorte que, tout en touchant des sensibilités diverses, elles soulèvent les difficultés qui inviteront à l'interprétation et convoqueront la Thora Orale.

Midrah Pliah apporte un autre regard sur ce verset, un regard dont nous verrons qu'il est complémentaire. Sans trop s'attarder sur l'interprétation avancée par Midrash Pliah, la question implicite à laquelle répond cette interprétation est la suivante : acceptons l'idée que ce verset soit là pour signifier à Moïse qu'il est autorisé à écrire la Thora Écrite, mais qu'il lui est interdit d'écrire la Thora Orale. Pourquoi le lui dire à cet endroit précis ? N'y avait-il que ce contexte pour le lui dire ? Tout le discours divin aurait pu commencer par là … qu'apporte de plus le contexte de ce verset ?

Midrash Pliah – מדרש פליאה – Commentaire de l'émerveillement – rapproche ce verset de celui qui le précède :

לֹא תְבַשֵּׁל גְּדִי בַּחֲלֵב אִמּוֹ
Tu ne feras point cuire un chevreau dans le lait de sa mère.

Pour qui connaît le rituel juif, c'est par excellence le verset polémique. Car, si le texte écrit interdit de faire cuire le chevreau – et seulement le chevreau – avec le lait de sa propre mère, la tradition juive interdit de faire cuire, consommer ou tirer profit de toute viande (chevreau ou autre animal terrestre, y compris les volatils) associée à toute alimentation lactée même d'une autre espèce, et même si la viande ne provient pas d'un mammifère. Il y a même débat sur le temps qu'il faut attendre afin de pouvoir considérer que les deux aliments ne sont pas associés. Ainsi, la consommation d'une cuisse de poulet dans une sauce lactée est proscrite. Sans trop détailler, ajoutons que la

68

tradition juive ajoute des contraintes sur la dissociation de la vaisselle carnée et de la vaisselle lactée, etc.

Avec ces informations, la version du Midrash Pliah paraît naturelle, elle coule même de source. En rapprochant le texte écrit et la signification qui lui est enseignée oralement, Moïse se dit qu'il va au devant de polémiques, et suggère qu'on écrive explicitement quelque chose de plus clair, comme : *tu ne feras cuire, ni ne consommeras, ni ne tireras profit de tout met comportant de la viande et du lait.* C'est plus clair, ça ne pose pas de difficulté, et ça évite les polémiques. À cela, l'Éternel répond : *écris ce que je te dis d'écrire, écris ces paroles, et ces paroles seulement, car c'est selon ces seules paroles que j'ai contracté une alliance.* Midrash Pliah rapproche ensuite ce sujet du récit des anges accueillis par Abraham dans sa tente (Béréshit-Genèse ch. 18 v.1), et soutient que si la Torah avait exprimé cette règle clairement, il n'aurait pas été possible que l'Éternel établisse une alliance avec Israël[32].

Cette interprétation ne s'oppose pas à celle qu'avance Rashi – et qui provient du Midrash – mais elle la complète. Elle éclaire le verset en justifiant en quoi c'est *seulement selon ces paroles écrites* qu'il a été possible de contracter une alliance, tout en précisant la raison pour laquelle cet interdit est

---

[32]Brièvement : un texte talmudique (traité Shabbat) affirme que les anges étaient opposés à ce que la Thora soit donnée aux hommes, car ils sont faillibles. Mais une lecture attentive du récit de la visite des anges à Abraham (Béréshit - Genèse) révèle qu'ils ont eux-mêmes consommé du lait et de la viande, un acte proscrit par la Loi Orale. Les anges ont donc failli en « tombant dans le piège » d'Abraham. En quelque sorte, c'est parce qu'une partie de cette loi est non écrite qu'il a été possible de passer outre les objections des anges.

mentionné ici alors que cela aurait pu être l'introduction même de tout l'échange entre l'Éternel et Moïse.

*

Le choix que fait le judaïsme pour exprimer son message et sa doctrine est d'utiliser les deux supports, l'écrit et l'oral, de les rendre indissociables et de faire qu'ils s'interrogent et se complètent mutuellement. L'écrit, parce qu'il est fixé, offre l'avantage de permettre un consensus, celui d'offrir une base de dialogue inaltérable et donc rassurante. Par sa capacité à traverser le temps, ce qu'il dit prend la forme d'une proclamation solennelle et puissante. Par cette même intemporalité, l'écrit peut se placer dans le registre du divin.

Quant à la Thora Orale, elle apporte le débat nécessaire qui permet l'éveil du lecteur, qui attise attention et son écoute fine. C'est la Thora Orale qui permet d'inscrire dans le présent, et donc dans la vie, le message intemporel du Texte écrit. Elle apporte enfin la vitalité du débat, et à travers le débat, du renouvellement. Renouvellement des émotions, mais aussi חידוש, renouvellement des points de vue, des perspectives et des interprétations. Enfin, la Thora Orale apporte cette possibilité de projeter un texte antique dans le contexte et les conjonctures des générations les plus modernes, sans trahir ni l'esprit ni la lettre du message originel.

Nous avons dit que c'était le *choix* du judaïsme que d'opter pour une communication formalisée sur les deux canaux, l'écrit et l'oral. Mais il n'est pas sûr que ce soit un choix. En d'autres termes, il n'y a peut-être pas d'autre choix. Ainsi que nous l'avons affirmé plus haut, toute communication est polluée par les sensibilités respectives des interlocuteurs, par leur contexte, leur gestuelle, leur tonalité, leur attention, leur disposition à faire place à l'autre … au point que chacun n'exprime et n'écoute que lui-même – lorsqu'il écoute pour *ressentir* l'Autre et non pour lui répondre – .

*

Tout ce que tu dis parle de toi, surtout quand tu parles d'un autre.

Paul Valéry

Peut-être pourrait-on étendre – retourner – cette idée de Paul Valéry de la manière suivante : tout ce que tu entends, tout ce que tu comprends, ne concerne que toi, surtout lorsque tu écoute les autres.

Solitude incontournable de la dérisoire condition humaine.

Inversion

מסכת אבות – פרק ה – משנה כב בֶּן בַּג בַּג אוֹמֵר: הֲפֹךְ בָּה וַהֲפֹךְ בָּה,
דְּכֹלָּה בַּה; וּבַה תֶּחֱזֵי, וְסִיב וּבְלֵה בַּה, וּמִנַּה לָא תְזוּעַ, שֶׁאֵין לָךְ מִדָּה
טוֹבָה הֵימֶנָּה.

Traité Avot chapitre 5 Mishna 22 : Ben Bag Bag dit :'Renverse en elle [la
Thora] et renverse en elle, car tout y est; et c'est en elle que tu
regarderas, vieillis et use toi en elle, et d'elle tu ne t'éloigneras pas, car il
n'y a pas de meilleure valeur.'

La traduction proposée se veut autant qu'il a été possible fidèle au texte hébraïque, et c'est pour cette raison qu'elle est un peu lourde. L'idée est donc de retourner le texte dans tous les sens afin de le faire parler. Mais en hébreu, le mot בָּה n'est pas un complément d'objet direct du verbe retourner (ou renverser), comme ce qu'on obtiendrait si on traduisait comme ceci : *Retourne la et retourne la*. Ce mot בָּה évoque plutôt une idée d'immersion, et on aimerait traduire alors par : *Retournes y* mais le sens en français est très différent, car ce qui est retourné dans ce cas ce n'est pas le Texte, mais le lecteur. L'idée ici est de renverser le Texte, de le retourner dans tous les sens, mais en immersion dans le Texte, et non avec un regard extérieur. Il s'agit de <u>se</u> plonger dans le Texte, dans ses règles, et de <u>le</u> retourner tout en y restant plongé. Plongé dans le Texte pour être sensible et réceptif à ses émotions, mais aussi pour le travailler selon les mécanismes et les règles du Texte et de l'exégèse juive. La tournure de phrase choisie par Ben Bag Bag invite à retourner les mots et les phrases, mais non en se tenant à l'extérieur comme un technicien froid et insensible. Il s'agit de se plonger dans le Texte pour s'y déplacer, nager en retournant le Texte dans tous les sens.

C'est cela, le message de Ben Bag Bag. Un message qui proclame la force et la nécessité de la Thora Orale, comme éclairage pour la lecture de la Thora Écrite.

*

Mais qui est Ben Bag Bag ?

Le commentaire de cette même Mishna, עיקר תוספות יום טוב – Ikar Tosfot Yom Tov – , donne quelques premières indications :

בֶּן בַּג בַּג. יֵשׁ לְפָרֵשׁ שֶׁלֹּא הֶאֱרִיךְ יָמִים. וְכֵן בֶּן הֵא הֵא. וְהָרַשְׁבַּ״ם פֵּרֵשׁ שֶׁגֵּרִים הָיוּ. וְהֵם בְּנֵי אַבְרָהָם וְשָׂרָה שֶׁנִּתּוֹסְפוּ ה׳ עַל שְׁמוֹתָם, וְכָל הַגֵּרִים בְּנֵיהֶם נִקְרָאוּ. וּבַג גִּימַטְרִיָּא ה׳. וּקְרָאָם זֶה מִשְׁנֶה מִזֶּה כְּדֵי לְהַכִּיר בֵּין זֶה לְזֶה. מִדְרָשׁ שְׁמוּאֵל:

Ben Bag Bag: [fils de Bag Bag] Certains expliquent [ce nom] par le fait qu'il n'a pas vécu vieux [et pour cette raison, il est désigné uniquement par son ascendance]. Il en est de même de Ben Hé Hé [cité plus loin dans la Mishna]. Le RashBam explique cela par le fait qu'ils étaient convertis. Ils [Ben Bag Bag et Ben Hé Hé] étaient enfants d'Abraham et de Sarah qui ont été l'objet de l'ajout d'une lettre ה — Hé – à leur prénom, et tous les convertis sont appelés leurs enfants [à Abraham et Sarah]. De plus, la valeur numérique de Bag est 5 [valeur numérique de la lettre ה - Hé]. Par ailleurs, ils [Ben Bag Bag et Ben Hé Hé] ont été appelés différemment afin de les différencier (Midrash Shmuel).

Rabbi Shmuel de Uçeda[33] , auteur du Midrash Shmouel cité dans ce commentaire, rapporte les propos de Rabbi Yossef Ben Nahmias :

והרב ר' יוסף ן' נחמיאש ז"ל כתב בן בג בג ובן הא הא כך שמות
אבותיהם. וי"א שאיש אחד הוא בן בג בג ובן הא הא וגר היה ופירושו
כן נוטריקון בג בג בן גר בן גיורת ובן הא הא בן שרה ובן אברהם
שהוסיף ה"א בשמותם שכל הגרים נקראו על שמו
שנאמר והיית לאב המון גויים

Rabbi Yossef Ben Nahmiash zal a écrit: Ben Bag Bag et Ben Hé Hé ont été nommés selon leurs pères. Mais selon une autre opinion, il s'agissait d'une seule et même personne: Bag Bag forme les initiales de Ben Guer Ben Guiyoreth , fils d'étranger et fils d'étrangère. Hé Hé provient de la lettre Hé ajoutée aux prénoms d'Abraham et de Sarah, et tous les convertis sont rattachés à Abraham, conformément au verset (Béréshit 17:4): « Tu seras le père d'une multitude de nations » (והיית לאב המון גויים).

Cette dernière opinion, qui énonce que Ben Bag Bag et Ben Hé Hé sont une seule et même personne, est également avancée au sujet de Ben Hé Hé dans le commentaire des Tosfot du Traité Haguiga p. 9b, à l'occasion d'une discussion entre Ben Hé Hé et Hillel.

---

[33]Rabbi Shmuel ben Isaac de Uçeda (1545 - 1604) est un commentateur et un prédicateur juif. Né à Safed, il était un disciple de Isaac Luria et de Hayyim Vital, qui lui enseignèrent la Kabbale. Il fut rabbin et prédicateur à Safed, puis, plus tard, à Constantinople.

Ben Bag Bag et Ben Hé Hé, qui ont vécu [ou a vécu] vers la fin de la période des zugot[34], qui couvrit les deux siècles qui ont précédé l'ère courante, seraient donc les surnoms d'une même personne, convertie au judaïsme. Cette hypothèse est également avancée par Rabbi Abraham Zaqut[35] dans Sefer Hayohasin p.108 :

בן הא הא : אומר שמעתי שהוא עצמו בן בג בג כי הוא
כחשבונו ר"ל כי בג הוא חמישה כמנין הא חמישה , וכבר פירשנו
שהוא ר' יוחנן בן בג בג שהיה בזמן הלל אבל הרמב"ם מנאם
לשניים ונראה שהיו בזמן אחד שעל משנת בן בג בג הביא בן הא
הא וכן יש אמורא שנקרא כן : אמר ליה בר הי הי להלל. אמר ליה
אליהו לבר הי הי. או אולי הוא תנא שהיה בזמן הלל בפירקא קמא
דחגיגה

Ben Hé Hé: J'ai reçu un enseignement qui disait qu'il s'agit de Ben Bag Bag car le mot Bag a pour valeur cinq, comme la lettre Hé qui a pour valeur 5, et nous avons expliqué plus haut qu'il s'agit de Rabbi Yohanan Ben Bag Bag qui a vécu à l'époque de Hillel. Mais Maïmonide considère qu'il s'agit de deux personnes différentes. Il apparaît toutefois qu'ils étaient de toutes façons contemporains car le texte mentionne Ben Hé Hé sur une mishna de Ben Bag Bag. De plus, il y avait un

---

[34]La période des *zugot* – ou des période des paires, période des couples – a eu lieu pendant les deux siècles qui ont précédé la destruction du second Temple de Jérusalem, soit entre -170 et 70 de l'ère courante. Cette période était ainsi désignée parce que les centres d'étude talmudique étaient à cette période gérés par deux personnalités rabbiniques que se partageaient la charge : l'un assurait une fonction de direction – *nassi* ou prince, président – et l'autre avait la charge juridique – *Av Beth Din* , sorte de Président du Tribunal – .

[35]Rabbi Abraham Zaqut, ou Zaccuto (1450 – 1510 environ) : juif espagnol, astronome, astrologue, mathématicien et historien. Après l'expulsion des juifs d'Espagne, il trouve d'abord refuge au Portugal, puis en Tunisie, où il écrit le Séfèr Hayoḥasin, récapitulant tous les personnages juifs depuis l'origine jusqu'en 500 environ.

Amora (Maître du Talmud) du nom de Ben Hé Hé: «Bar Hé Hé[36] a dit à Hillel», «Eliyahou a dit à Bar Hé Hé» (Haguiga 9a) . Enfin, il est possible qu'il s'agisse du Tanna (Maître de la Mishna, socle du Talmud) qui a vécu à l'époque de Hillel, mentionné au premier chapitre du Traité Haguiga.

Récapitulons : selon plusieurs sources, il existe une hypothèse plausible selon laquelle Ben Bag Bag et Ben Hé Hé seraient une seule et même personne, d'origine non juive, convertie au judaïsme, et qui a excellé dans la connaissance de la Thora au point d'être citée comme personne de référence. Cette personne a vécu à la même époque que Hillel, Maître de l'une des deux principales écoles de la Mishna. Si tel est le cas, si Ben Bag Bag et Ben Hé Hé sont une seule et même personne, il est raisonnable[37] de considérer que c'est cette même personne qui est mentionnée dans le récit suivant, Traité Shabbat page 31a :

תלמוד בבלי - מסכת שבת דף לא. : ת"ר מעשה בנכרי אחד שבא לפני שמאי אמר לו כמה תורות יש לכם אמר לו שתים תורה שבכתב ותורה שבעל פה א"ל שבכתב אני מאמינך ושבעל פה איני מאמינך גיירני ע"מ שתלמדני תורה שבכתב גער בו והוציאו בנזיפה בא לפני הלל גייריה יומא קמא א"ל א"ב ג"ד למחר אפיך ליה א"ל והא אתמול לא אמרת לי הכי א"ל לאו עלי דידי קא סמכת דעל פה נמי סמוך עלי:

Talmud de Babylone – Traité Shabbat p. 31a : Il a été enseigné par les sages le récit d'un étranger [non juif] qui s'est rendu chez Shammaï et lui a dit 'Combien de Thoras avez-vous ?' ; il lui répondit : 'Nous avons deux Thoras, une par écrit et une orale'; il lui dit : 'Je te crois pour celle qui est écrite, mais non pour celle qui est orale, convertis moi à la condition que tu m'enseignes la Thora écrite'. Il l'a sermonné et l'a renvoyé avec colère. [Ce même étranger] s'est rendu chez Hillel qui l'a

---

[36]Bar est la forme araméenne de Ben, et signifie *fils de*.

[37]L'alphabet, enseigné dans l'ordre par Hillel à cet étranger, est le Aleph, Beth, Guimel, … et la deuxième et la troisième lettre donnent le son BaG.

converti. Au premier jour, il lui a enseigne Aleph, Beth, Guimel, Daleth [l'alphabet dans l'ordre] mais le lendemain il l'a inversé. Il [l'étranger] lui dit :'Or, hier tu ne m'as pas enseigné comme cela!' ; Hillel lui répondit : 'Non, ce n'est pas ainsi : tu m'as fait confiance personnellement [pour l'alphabet] , tu dois me faire confiance également pour la Loi Orale.

Nous avons déjà abordé ce passage plus haut, en particulier pour dire qu'il n'y a pas d'enseignement qui soit exclusivement écrit, et qui ne passe par aucune oralité. Ce qui nous intéresse ici, c'est plutôt la personne de cet étranger. Cette même personne qui a douté de la Thora Orale et ne voulait que la Thora Écrite, celle-là même qui ne voulait pas de Thora Orale, est celle qui, par la suite, finit par dire : « Renverse en elle et renverse en elle, car tout est en elle ».

En somme, Ben Bag Bag nous enseigne ceci, à la Mishna 22, chapitre 5 du Traité Avot : il n'y a pas de lecture correcte de la Thora sans interprétation.

*

Immédiatement après les propos de Ben Bag Bag que nous venons d'étudier, nous trouvons dans ce même traité de Pirkei Avot :

אבות פרק ה משנה כג : בֶּן הֵא הֵא אוֹמֵר: לְפוּם צַעֲרָא אַגְרָא

Avot, chapitre 5, Mishna 23: Ben Hé Hé dit: La récompense est selon l'effort

La récompense est selon l'effort ... plus l'effort est intense, et plus la récompense est élevée, semble dire Ben Hé Hé.

Une première lecture, littérale, des propos de Ben Hé Hé est de considérer que la récompense de nos bonnes actions se fait selon les efforts que nous avons fournis. Dans une logique un peu scolaire, nous accomplissons la volonté de notre Maître, afin qu'il nous gratifie de Ses bienfaits : Ben Hé Hé nous dit que notre récompense, notre « carotte », se fera à la mesure de nos efforts.

Soit, mais cette logique reste limitée, parce qu'un autre passage des Pirkei Avot dit :

מסכת אבות פרק א משנה ג : אַנְטִיגְנוֹס אִישׁ סוֹכוֹ קִבֵּל מִשִּׁמְעוֹן הַצַּדִּיק. הוּא הָיָה אוֹמֵר, אַל תִּהְיוּ כַעֲבָדִים הַמְשַׁמְּשִׁין אֶת הָרַב עַל מְנָת לְקַבֵּל פְּרָס

Antignos, qui habitait Sokho, a reçu son enseignement de Simon le Juste. Il disait: ne soyez pas comme les serviteurs qui servent leur Maître à condition d'obtenir un prix …

Cette citation ne disqualifie pas la première interprétation, mais elle en réduit sensiblement la portée : le but de l'effort ne doit pas être la récompense.

Examinons alors d'autres lectures possibles.

Une deuxième lecture des propos de Ben Hé Hé pourrait être ceci : nous n'avons pas d'obligation de résultat mais une obligation de moyen. Si nous avons fourni les efforts nécessaires, mais que l'action n'a pas réussi, nous sommes d'une certaine manière quittes. C'est la volonté de faire qui, si elle est accompagnée des efforts pour faire, prime sur le résultat. Les efforts fournis dégagent notre responsabilité.

À ce stade, puisque nous avons vu que l'action ne doit pas se faire dans la perspective d'une récompense, on est tenté de pousser un petit peu plus loin : la satisfaction que nous procurent nos actes est en proportion de l'effort fourni. Ainsi, un grand succès obtenu avec peu d'efforts ne prend pas à nos yeux la même valeur, ni la même satisfaction, qu'un petit succès, voire un échec partiel, pour lequel nous avons déployé nos talents et nos ressources, pour lequel nous avons sué et nous nous sommes angoissés, et sur lequel nous nous nous sommes dépassés et avons douté. C'est notre effort qui fabrique notre satisfaction. Pour illustrer cela, disons qu'une personne qui souffre d'un handicap a probablement plus de plaisir à sauter 50 cm qu'une personne sans handicap à sauter 1m90. C'est le dépassement de soi qui fabrique la satisfaction, et non le résultat lui-même.

C'est l'effort qui est la source de nos satisfactions. Notre satisfaction, et donc notre récompense, c'est d'une certaine manière notre effort.

À nouveau, la condition humaine fait que nous sommes condamnés à boucler sur nous-mêmes. La communication, nous l'avons vu, n'est qu'une illusion : chacun ne parle que de lui-même, et n'entend que ce qui est en lui. Notre satisfaction aussi trouve sa source en nous-mêmes, à travers nos efforts. La satisfaction d'agir ne provient pas d'une réalité ou d'un résultat acquis, elle n'est pas due à un fait tangible qui soit extérieur à l'acteur, mais elle trouve sa force dans l'effort consenti par l'acteur. Le succès de l'action engagée sans effort peut certes être agréable et réduire l'anxiété en solutionnant les problèmes à venir, ou en ouvrant de nouvelles perspectives. La réduction de cette anxiété par le succès de nos actions est bienfaitrice, bien entendu. Mais la satisfaction est dans l'effort consenti. Pour preuve : les efforts et les douleurs consentis dans le passé ne sont pas révisables ou négociables, ils n'ont pas de prix si ce n'est la satisfaction qu'ils procurent. Parce que ces efforts nous construisent. La récompense de l'effort est dans l'effort, c'est l'effort lui-même[38].

*

En résumé, le chapitre 5 du Traité Avot, Pirkei Avot, conclut avec les Mishnayot 22 et 23 sur Ben Bag Bag, puis Ben Hé Hé.

Mais ces deux citations n'auraient-elles rien en commun ? Passerait-on ainsi d'un sujet à un autre, de la loi orale à la récompense de l'effort sans transition aucune ? Comme s'il nous offrait un feu d'artifice de noms exotiques, le Traité Avot nous rapporterait-il en vrac les propos de deux personnes (ou de la même personne?) aux noms bizarres, en séquence abrupte, l'un après l'autre ?

N'oublions pas que nous disposons au sujet de ces personnages d'une hypothèse vraisemblable et d'une autre plausible. L'hypothèse vraisemblable est que Ben Bag Bag et Ben Hé Hé étaient des convertis, et que Ben Hé Hé est le

---

[38]De manière analogue, le traité Avot (Chapitre 1 Mishna 4) cite Ben Azzaï : מִצְוָה ,מִצְוָה שְׂכַר שֶׁ , « *La récompense d'une bonne action est une bonne action* »

candidat à la conversion mentionné dans le Traité Shabbat en page 31a. L'hypothèse plausible est qu'il s'agit d'une seule et même personne.

Ben Bag Bag – ou Ben Hé Hé, c'est la même personne –, initialement sceptique quand à la loi orale, s'aperçoit que la loi écrite exige une interprétation, plus encore, qu'elle recèle de trésors sous-entendus : *Renverse en elle et renverse en elle, car tout est en elle.*

Se pose alors la question : pourquoi la Torah ne dit-elle pas explicitement ce qu'elle signifie ?

Ben Bag Bag nous propose sa réponse : car *la récompense est dans l'effort.* La satisfaction du lecteur ne vient pas du message lui-même, mais de l'effort consenti pour le comprendre. C'est parce que nous avons fourni un effort pour entendre, deviner, décoder un message énigmatique que nous pouvons nous approprier ce message. C'est ce travail de fouille, qui fait la part belle à l'investigation, à l'écoute silencieuse du texte, qui offre au Texte la disponibilité authentique du lecteur, c'est tout cela qui peut donner accès à la compréhension profonde d'un message originel. Le bruit des mots peut devenir un vacarme, ou être vécu comme tel, s'il est explicite : il n'est pas rare que l'énoncé d'une évidence nous contrarie, car ce que nous entendons d'abord, c'est qu'en nous rappelant une évidence on fait peu de cas de notre intelligence. C'est pourquoi *l'artiste est muet*, et la Thora est avare en mots, pour laisser le lecteur faire *sur lui* ce travail de silence, de disponibilité, d'imagination, d'intuition et d'écoute, qui lui permettent de saisir, puis de *s'approprier* par son effort et son travail un message qui n'était pas sien à l'origine[39]. Un effort et un travail que le lecteur fait sur lui-même et qui le transforment en même temps que le texte se dévoile à lui.

Un effort sur soi qui introduit aussi un délai, pour qu'avant de figer le sens d'un texte, on l'écoute avec *bienveillance*, pour qu'au lieu d'écouter dans le but de répondre, on écoute dans le but de réfléchir.

N'oublions pas enfin que les textes du judaïsme ont pour contexte la civilisation des Hébreux, une civilisation orientale. Une civilisation qui place l'homme au centre de ses valeurs, au point qu'on s'adresse au lecteur en parlant à son intuition plus qu'à lui-même, car une formulation trop précise, trop explicite, infantiliserait notre interlocuteur, elle signifierait que notre interlocuteur n'est pas en mesure de saisir la situation par lui-même.

Le discours suggestif, lorsqu'il fonctionne, est bien plus efficace que le discours explicite.

D'une part, il n'est pas pollué par le vacarme des mots, leur rigidité. Il respecte l'interlocuteur et s'adresse à lui en adulte. Il invite à l'écoute et au silence, et conduit l'interlocuteur à s'approprier le message par l'effort fourni. Un effort qui rompt la solitude et l'incompréhension

---

[39]Encore une fois, l'interlocuteur boucle sur lui-même : le sens qu'il apprécie dans le Texte est le sens qu'il a fait sien, qu'il a acquis par son effort, comme si ce qui ne lui appartient pas n'était pas digne d'intérêt. Solitude extrême …

irrémédiable des acteurs d'un dialogue, un effort où l'on écoute pour saisir et non pour répondre, un effort enfin qui nous transforme.

Ce n'est qu'après que le lecteur ait fait sur lui un travail d'interprétation, après qu'il se soit rendu disponible, qu'il est possible de lui dire les choses explicitement. C'est ce travail que propose de la Thora Orale. Car il faut d'abord faire silence pour pouvoir entendre.

En effet :

תהילים קיט:יא : בְּלִבִּי צָפַנְתִּי אִמְרָתֶךָ לְמַעַן לֹא אֶחֱטָא לָךְ.

Psaumes 119:11: J'ai caché Ta parole dans mon cœur afin de ne pas fauter envers Toi

Pourquoi donc cacher une parole à laquelle on veut être fidèle si ce n'est pour éviter de couvrir le message par le vacarme des certitudes et des significations hâtives. La vérité, ou plus simplement l'écoute, requièrent moins d'immédiat, plus de disponibilité. Car, pour entendre, il faut commencer par faire le vide[40].

---

[40]On peut citer ici le verset Job 28:12 :

וְהַחָכְמָה מֵאַיִן תִּמָּצֵא

Ce verset, dont la traduction habituelle est « Et la sagesse, où la trouve-t-on ? », n'est pas nécessairement une question, car le texte biblique ne comporte aucune ponctuation. Il peut être lu comme une affirmation, en utilisant l'autre sens du mot אַיִן : le néant, le vide. Le verset devient alors : « La sagesse se trouve dans le néant ». Voir à ce sujet « La Clef des Temps » - Kedma Éditions 2009 – p. 210.

Ce n'est qu'après que le lecteur du Texte biblique ait fait ce travail d'investigation et d'intériorisation, qui le rend réceptif aux questions soulevées par le Texte, et disponible à une écoute, que les choses peuvent être exprimées, mais *oralement seulement,* pour ne pas faire violence au message originel, qui est écrit, par le vacarme d'un autre écrit.

Voilà probablement pourquoi, à l'origine, la Thora Orale ne devait pas être écrite.

Et finalement, la seule manière de communiquer vraiment est suggestive. *L'artiste est muet.*

*

Une illustration

Nous abordons ici le cas du fils rebelle[41] présenté dans le Deutéronome au chapitre 21.

דברים כא : ״ כִּי-יִהְיֶה לְאִישׁ בֵּן סוֹרֵר וּמוֹרֶה אֵינֶנּוּ שֹׁמֵעַ בְּקוֹל אָבִיו וּבְקוֹל אִמּוֹ וְיִסְּרוּ אֹתוֹ וְלֹא יִשְׁמַע אֲלֵיהֶם: ״ וְתָפְשׂוּ בוֹ אָבִיו וְאִמּוֹ וְהוֹצִיאוּ אֹתוֹ אֶל-זִקְנֵי עִירוֹ וְאֶל-שַׁעַר מְקֹמוֹ: ﬞ וְאָמְרוּ אֶל-זִקְנֵי עִירוֹ בְּנֵנוּ זֶה סוֹרֵר וּמֹרֶה אֵינֶנּוּ שֹׁמֵעַ בְּקֹלֵנוּ זוֹלֵל וְסֹבֵא: ﬞ וּרְגָמֻהוּ כָּל-אַנְשֵׁי עִירוֹ בָּאֲבָנִים וָמֵת וּבִעַרְתָּ הָרָע מִקִּרְבֶּךָ וְכָל-יִשְׂרָאֵל יִשְׁמְעוּ וְיִרָאוּ:

Dévarim [Deutéronome] 21:18-21: Si un homme a un fils libertin et rebelle, sourd à la voix de son père et à celle de sa mère, et qui, malgré leurs corrections, persiste à leur désobéir, [19] son père et sa mère se saisiront de lui, le traduiront devant les anciens de sa ville, au tribunal de sa localité, [20] et ils diront aux anciens de la ville: "Notre fils que voici est libertin et rebelle, n'obéit pas à notre voix, s'adonne à la débauche et à

---

[41]Ce même sujet a été abordé dans *La Clef des Temps* de manière légèrement différente. Nous l'abordons ici sous l'angle double de l'efficacité et de la nécessité du *non dit* qui apparaît dans sa formulation.

l'ivrognerie." [21] Alors, tous les habitants de cette ville le feront mourir à coups de pierres, et tu extirperas ainsi le vice de chez toi; car tout Israël l'apprendra et sera saisi de crainte.

Ce texte ne ressemble pas à la sagesse biblique. Tout cela pour ... que le peuple soit impressionné, saisi de crainte ! Quels parents traduiraient leur fils devant les anciens, sachant l'issue qui lui est réservée ? Les anciens feraient d'ailleurs mieux de s'occuper de ces parents perturbés que de condamner l'enfant !

À ce propos, le Talmud propose l'analyse suivante :

מתני׳ דהיה אביו רוצה ואמו אינה רוצה אביו אינו רוצה ואמו רוצה אינו
נעשה בן סורר ומורה עד שיהו שניהם רוצין רבי יהודה אומר אם לא
היתה אמו ראויה לאביו אינו נעשה בן סורר ומורה:
גמ׳ מאי אינה ראויה אילימא חייבי כריתות וחייבי מיתות ב״ד סוף
אבוה אבוה נינהו ואמיה אמיה נינהו אלא בשוה לאביו קאמר תניא נמי
הכי רבי יהודה אומר אם לא היתה אמו שוה לאביו בקול ובמראה
ובקומה אינו נעשה בן סורר ומורה מאי טעמא דאמר קרא איננו שומע
בקלנו מדקול בעינן שוין מראה וקומה נמי בעינן שוין כמאן אזלא הא
דתניא בן סורר ומורה לא היה ולא עתיד להיות ולמה נכתב דרוש וקבל
שכר כמאן כרבי יהודה איבעית אימא ר׳ שמעון היא דתניא אמר רבי
שמעון וכי מפני שאכל זה תרטימר בשר ושתה חצי לוג יין האיטלקי
אביו ואמו מוציאין אותו לסקלו אלא לא היה ולא עתיד להיות ולמה
נכתב דרוש וקבל שכר אמר ר׳ יונתן אני ראיתיו וישבתי על קברו

Mishna[42]: Si son père veut et sa mère ne veut pas, ou si son père ne veut pas et que sa mère veut, il n'est pas [considéré comme] un fils rebelle tant qu'ils ne sont pas tous les deux d'accord. Rabbi Yehouda dit «Si sa mère n'est pas destinée à son père» il n'est pas [considéré comme] un fils rebelle.

---

[42]Dans un texte talmudique, on désigne sous le terme de *Mishna* l'énoncé fondamental, la règle ou le principe, et sous le terme de *Guémara* l'étude et la discussion de la Mishna. La Guémara est souvent riche en débats.

Guemara: Que signifie «n'est pas destinée à …»? Si c'est pour parler de ceux qui sont coupables d'excommunication ou de peine capitale par un tribunal humain, au bout du compte, son père est son père et sa mère est sa mère. On doit donc comprendre que [sa mère] est équivalente à son père. Ceci a également été enseigné de la manière suivante: «Rabbi Yehouda dit: 'Si sa mère n'est pas équivalente à son père en voix, en apparence et en taille, il n'est pas [considéré comme] un fils rebelle. Quel est le sens? Car le texte dit 'Il n'écoute pas <u>notre</u> voix'. Puisque nous exigeons une seule voix [pour le père et la mère] nous devons exiger un aspect et une taille équivalents'. Cela suit quel avis? C'est ce qui a été enseigné: Rabbi Shimon a dit 'Et donc parce que celui-là a mangé [sans autorisation parentale] un tartémar de viande et a bu un demi log de vin italien, son père et sa mère le sortiraient pour le faire lapider? On doit comprendre que cela [un fils rebelle] ne s'est jamais produit et ne se produira jamais. Et pourquoi ce texte a-t-il été écrit? Interprète le et prends ta récompense. Rabbi Yonathan a dit 'Moi, je l'ai vu et je me suis assis sur sa tombe.'

Nous sommes rassurés : un fils rebelle au sens biblique, qui serait destiné à la lapidation, ça n'existe pas et ça n'existera jamais. Mais certaines aspérités du texte demeurent … Nous allons les aborder une à une.

La clé du propos de la Mishna, qui est repris et étendu par Rabbi Yéhouda est dans l'usage du singulier : 'Il n'écoute pas *notre* voix'. Par conséquent, les deux parents doivent parler d'une même voix. C'est ce qu'indique la fin de la Mishna : « Si sa mère n'était pas destinée à son père » apparaît comme une prolongation de « s'il ne parlent pas de la même voix ». Rabbi Yéhouda comprend par là que les parents doivent non seulement être du même avis, parler de la même voix, mais il doivent parler vraiment de la *même* voix, c'est-à-dire : avoir un impact équivalent sur l'enfant. On peut être du même avis, mais ne pas faire le même effet, ne pas avoir la même force de persuasion. Ici, les parents doivent avoir la même opinion, mais en plus ils doivent produire sur l'enfant le même effet. C'est la perception de l'enfant qui compte : il faut que l'enfant perçoive les voix des deux parents de la même manière comme une seule et même voix. Donc : pour que l'enfant soit considéré comme rebelle, il ne suffit pas qu'il enfreigne les règles, il faut encore que les parents aient des voix équivalentes, un aspect et une taille équivalents, car tout cela participe à l'effet qui est produit sur l'enfant.

Ce qui compte finalement, ce n'est pas ce que disent ni ce que pensent les parents, ce n'est pas ce qu'ils expriment, mais ce que l'enfant perçoit. Ce qu'il perçoit n'est pas seulement le message qui a été formulé, mais aussi — et peut-être surtout — ce qui entoure l'expression de ce message. Si les parents ne sont pas perçus avec la même intensité — de force, d'indépendance, de persuasion ... — l'enfant comprend qu'ils ne sont pas du même avis, et c'est cela qui compte. Comme le dit le début de la Mishna : pour que l'enfant puisse être déclaré fils rebelle, il faut que les parents soient du même avis, qu'ils aient à son égard la même demande. On nous précise : il faut que l'enfant perçoive la même demande de ses deux parents.

Poursuivant plus loin cette logique, on nous dit : « Le fils rebelle n'a jamais existé et n'existera jamais ».

Mais alors pourquoi en parler ? Pourquoi parler d'un problème qui n'a jamais existé et qui n'existera jamais ? N'y a-t-il pas assez de problèmes dans la vie réelle pour parler de sujets superflus ? N'est-ce pas en contradiction avec ce principe de l'interprétation juive de la Bible : 'La Thora est avare en mots' ?

Et la Guemara de répondre : 'Étudie et prends ta récompense'. On croit entendre Ben Hé Hé ici : בֶּן הֵא הֵא אוֹמֵר: לְפוּם צַעֲרָא אַגְרָא ; « Ben Hé Hé dit : 'La récompense est selon l'effort' ». Étudie pour prendre une récompense … dans un esprit extrêmement scolaire.

Mais étudier quoi, s'il s'agit d'un sujet imaginaire totalement irréel ? On a ici l'impression d'être dans la situation de la première lecture que nous avions envisagée pour le propos de Ben Hé Hé : une lecture scolaire qui agit, fût-ce n'importe comment, en vue d'obtenir une gratification. Obéir, fût-ce à n'importe quoi, pourvu qu'il y ait une récompense … On semble nous dire ici : certes, le fils rebelle est une idée bancale, cela n'a jamais existé et n'existera jamais, mais étudiez ce sujet et vous aurez une récompense.

Finalement, on n'a pas résolu grand-chose en considérant que le sujet du fils rebelle était bancal.

Mais une lecture plus attentive du texte nous permet d'observer ceci : lorsque les parents s'adressent aux anciens, ils disent 'Cet enfant que voici n'écoute pas *notre* voix'. Or, au début du sujet, la Thora n'a pas utilisé les mêmes termes en décrivant la situation : 'Si un homme a un fils libertin et rebelle, qui n'écoute ni la voix de son père ni la voix de sa mère … '.

Lorsqu'on a introduit le sujet, on nous a bien dit que le fils rebelle avait affaire à des parents qui ne parlaient pas de la même voix, qui ne sont pas du même avis : *ni* la voix de son père *ni* la voix de sa mère.

C'est probablement pour cette raison qu'il se rebelle : assigné à choisir entre l'opinion de sa mère et celle de son père, l'enfant décide naturellement de ne pas se prononcer, et prend une autre alternative, qui ne suit ni l'opinion du père ni l'opinion de la mère. En somme, si les parents avaient parlé de la même voix, le fils ne se serait pas rebellé.

La leçon est claire : si vous ne voulez pas que votre enfant se rebelle, accordez vos violons avec votre conjoint(e). Assurez vous que vos demandes sont cohérentes avant d'exiger qu'elles soient respectées. La récompense de l'étude de ce verset est donc l'enseignement suivant qui découle de la formulation même des versets : sans discorde entre les parents il n'y a pas de rébellion des enfants.

En somme, si des parents se présentent devant les 'anciens de la ville' au motif que leur enfant est rebelle, ces anciens devraient les accuser de mentir lorsqu'ils prétendent que l'enfant n'écoute pas *leur* voix, car il faudrait plutôt dire qu'il n'écoute pas *leurs* voix.

Mais alors, pourquoi la Thora ne dit pas cela explicitement, pourquoi ne dit-elle pas : si votre enfant se rebelle, remettez vous en question, vérifiez que vos exigences sont cohérentes ?

Tout simplement parce que la présence d'un tel texte serait explosive : l'enfant y trouverait un moyen de se dédouaner systématiquement. À chaque injonction, il se rebellerait en rejetant la faute sur ses parents. C'est pourquoi il faut lui faire croire qu'il n'a pas cette possibilité. Car, en réalité, c'est l'enfant qui a le pouvoir : il n'y a en réalité aucun moyen d'obtenir le consentement d'un enfant par la contrainte – d'ailleurs la tournure de cette phrase n'a pas de sens – . Le seul moyen d'obtenir son consentement avant qu'il ne soit mature pour faire et assumer ses choix, c'est de lui faire croire que ce n'est pas lui qui a le pouvoir, mais ses parents. C'est pour cela que le but de toute cette histoire et de cette cruauté superflue est explicitement avoué à la fin du propos : *tout Israël l'apprendra et sera saisi de crainte.* Le but de ce récit incongru et sanguinaire, une situation où les parents conduiraient leur enfant à la mort pour désobéissance, n'est que de faire peur à l'enfant, dans son intérêt, en attendant qu'il comprenne.

L'arme du faible est toujours dissuasive, donc disproportionnée … et le faible ici ce sont les parents, c'est pourquoi le châtiment supposé est disproportionné. Pour obtenir l'assentiment d'un enfant qui n'est pas capable de faire des choix, et en attendant qu'il atteigne cette maturité d'esprit, les parents doivent lui faire croire qu'il n'a pas d'autre choix.

Mais alors, si le fils rebelle n'a jamais existé et n'existera jamais, que faire de ce passage de la Guemara : 'Rabbi Yonathan a dit « Moi, je l'ai vu et je me suis assis sur sa tombe. »' ? En somme, Rabbi Yonathan semble se dire : si on fait savoir publiquement que le fils rebelle ne s'est jamais produit et ne se produira jamais, tout l'effet dissuasif de ce texte biblique serait perdu. Quitte à « mentir », il faut préserver le but du message : dissuader les enfants de désobéir. D'une certaine manière, Rabbi Yonathan se sacrifie pour préserver l'effet escompté de ce passage.

Mais Rabbi Yonathan a-t-il vraiment menti ?

Même si tout le monde comprend dans les propos de Rabbi Yonathan que l'enfant a subi le sort prévu, à savoir qu'il aurait été conduit par ses parents auprès des anciens de la ville et qu'il aurait finalement été lapidé, ce n'est pas du tout ce qu'il dit. Rabbi Yonathan signifie tout simplement [et même cela, il ne le dit pas explicitement] qu'un homme qui s'était probablement rebellé contre ses parents est mort, *comme tout le monde*, et que Rabbi Yonathan s'est assis sur sa tombe.

Mais nous avions compris son propos autrement, et c'est probablement pour cela qu'il l'a intentionnellement formulé ainsi. Bien sûr, à nouveau : on ne comprend pas ce qu'on veut nous dire, on comprend ce qu'on veut comprendre.

Humanisme

[Dictionnaire Le Petit Robert]
Humanisme: Toute théorie ou doctrine qui prend pour fin
la personne humaine et son épanouissement

Est humaniste, en somme, celui qui place l'homme au centre de ses préoccupations. L'idée est simple, belle et séduisante et l'on a du mal à s'y opposer.

Par opposition, une doctrine exclusivement centrée sur l'intérêt, qu'il s'agisse de l'intérêt personnel ou de l'intérêt général, n'est pas une doctrine humaniste. Une telle doctrine me dicterait de sacrifier autrui à mon intérêt égoïste, ou un groupe humain à l'intérêt général. Il s'est déjà produit dans l'histoire que des actes cruels et barbares soient dépeints par les dirigeants politiques comme éthiques, dans la mesure où ils prétendaient servir l'intérêt général : c'est le cas par exemple des pogroms, comme des lois antisémites allemandes ou sous Vichy. Après tout, un lynchage est un acte démocratique par excellence, qui sert les intérêts du groupe généralement majoritaire — les lyncheurs — contre le groupe minoritaire des lynchés.

La notion s'embrouille donc … que se passe-t-il en matière d'humanisme lorsque deux groupes humains ont des exigences incompatibles ? Lequel des groupes humains doit être sacrifié et souffrir que ses demandes soient ignorées ? Et s'il faut faire des compromis de part et d'autre, qui décide des efforts « raisonnables » que chacun doit faire ?

Avant d'aborder ces questions, examinons d'abord celle-ci : qu'y a-t-il derrière l'humanisme ? Qu'est-ce qui déclenche une conviction humaniste, quel est son moteur ?

La plupart des religions, par exemple, prétendent à un certain humanisme, puisqu'elles œuvrent pour le développement et l'épanouissement de leurs adeptes. Les injonctions religieuses sont imprégnées ou prétendent être imprégnées de moralité et d'obligations envers autrui. Est-ce à dire qu'un athée ne peut pas être humaniste ?

Dans une logique religieuse, une morale suprême, non négociable, dictée par une Autorité – divine – que le religieux reconnaît, impose des règles qui limitent l'égoisme. En somme, une règle non observable dans la nature – la morale – se place au-dessus des règles empiriques de la vie. Une métaphysique, au-dessus du réel et du concret, vient mettre au pas et réguler le comportement des hommes.

Pour qu'il y ait humanisme, il faut qu'il y ait une métaphysique – qui n'est pas l'humanisme – qui agisse comme moteur de règles humanistes. Il faut pour qu'il y ait humanisme un système global qui regarde l'homme sous un angle qui ne le limite pas à ce qu'il est physiquement et concrètement. Pour se prétendre humaniste de manière crédible, une doctrine devrait expliciter ce qu'il y a de métaphysique dans la place qu'elle donne à l'homme.

*

Imaginons que l'on nous annonce que le soleil ne se lèvera pas demain. Si une telle information est propagée dans les médias, il y a fort à parier qu'elle ferait sur l'humanité un effet inédit d'une échelle considérable. L'information contraire, que nous recevons tous les jours, ne produit en revanche aucun effet.

La cause de cette dissymétrie est simple : il est improbable que le soleil ne se lève pas demain. Ainsi, il semble que la quantité d'information véhiculée par un évènement soit nulle si l'évènement est certain, et infinie si l'évènement est impossible[43]. Plus un évènement est rare, plus il est porteur d'information.

Observons par exemple ce qui se passe avec les systèmes informatiques qui sont censés fonctionner 7 jour sur 7, et 24 heures sur 24. Prenons par exemple une application de banque en ligne. De nombreux des clients des banques en lignes ne sont pas disponibles aux heures de bureau, et ne peuvent consulter ou gérer leur compte que le soir ou le

---

[43]La théorie de l'information donne une démonstration mathématique séduisante, d'une élégance remarquable, du fait que l'information perçue d'un évènement de probabilité p est : $- \log(p)$. La base logarithmique utilisée n'a pas d'importance, car un changement de base logarithmique introduit un coefficient de proportionnalité, c'est-à-dire un changement d'unité. On utilise en général le logarithme en base 2 : dans ce cas, on démontre que le nombre de bits nécessaires pour représenter un ensemble d'évènements est égal à la moyenne de la quantité d'information que ces évènements véhiculent.

week-end, des moments où il y a moins de personnel pour assurer la supervision du système informatique de la banque. Ces réseaux informatiques ont en général une disponibilité proche de 100 %, le plus souvent supérieure à 99,5 %. Malgré cela, si un incident informatique touche une banque en ligne pendant le week-end et dure plus d'une demie-heure, il y a fort à parier que cet incident ferait beaucoup de bruit, et que de nombreux clients changeraient de banque dès le lundi matin.

Ceci illustre une chose : l'information produite par un évènement – ou par un message – est forte lorsque l'évènement est improbable. En d'autres termes, un évènement improbable, comme une idée improbable, ont sur nous un effet considérable.

*

Nous disions qu'une doctrine religieuse s'accompagne d'une métaphysique et d'une morale absolues, supérieures, aussi solides et non négociables que la réalité physique observable. Ainsi, qu'une personne qui adhère à une doctrine religieuse nous dise qu'elle est humaniste n'est pas porteur d'information. Ce message n'a sur nous aucun effet. D'ailleurs, la personne ne se définira pas comme humaniste, mais comme adhérant à telle ou telle doctrine, une doctrine qui régule son humanisme. Mais comme ces doctrines religieuses sont personnelles et que leurs arguments ne sont pas opposables, chacun reste sur son quant-à-soi.

En somme, ce dont nous faisons l'effort de parler, ce sur quoi l'on est amené à discourir, ou à argumenter, c'est en général ce qui n'est pas acquis, ce qui n'est pas certain[44]. Comme ce qui est certain n'est pas porteur d'information, il est tu, réduit au silence. Que le religieux se soumette sans réserve à une règle morale qu'il pense supérieure, ce n'est pas nouveau. Donc, on n'en parle pas. Le religieux se dira croyant en ceci ou cela, il n'argumentera pas son humanisme[45].

Ce qui est porteur d'information, c'est lorsqu'une personne qui n'a pas de conviction métaphysique abandonne ses intérêts égoïstes, intérêts personnels ou intérêts de caste, pour se faire humaniste. Comme les rouages de ses motivations humanistes – son « moteur » – ne sont pas évidents, la quantité d'information contenue dans un tel message, et donc son effet sur nous, est plus importante.

En revanche, comme son humanisme n'est pas raccroché à une autre doctrine, et que de plus il est porteur

---

[44]Si on pousse cette idée encore un peu, on pourrait dire que ce dont nous parlons, c'est parfois ce dont nous sommes le moins convaincus. Il n'est pas rare que ce soit le cas, et il m'arrive de déceler ce genre de situation dans une conversation, même si je renonce en général à en faire état, car ces discussions ne sont pas souvent propices à une telle introspection. J'esquive parfois en disant que mon interlocuteur se laisse piéger par ses mots.

[45]Mais il y a bien sûr des manières d'être religieux qui ne sont pas mues par la morale. Il y a aussi chez les religieux des motifs infantiles ou infantilisants, des fidèles qui adoptent une pratique religieuse par faiblesse, pour se construire une personnalité à faible coût, voire même pour se dispenser de remises en question éthiques. Mon propos ici s'intéresse au *mainstream*, au bloc principal, à la construction même d'un humanisme religieux *versus* un humanisme matérialiste.

d'information, l'athée humaniste, ou le matérialiste humaniste, se présentera d'abord comme humaniste.

Quel est l'élément moteur d'un humaniste matérialiste[46] ?

S'il est sincère[47], il n'est pas rare que son moteur soit le fait qu'après tout, l'humanisme, ou certaines de ses variantes, fonctionne bien. L'humanisme, comme moyen d'éviter les conflits et la violence, est, au moins en première analyse, un outil efficace. C'est donc un humanisme par intérêt, et non par obéissance à une règle supérieure. Un tel humanisme est pragmatique, et donc plus ou moins négociable. Cette manière d'être humaniste examine l'arbitrage d'une situation à l'aune de la violence qu'elle contient et des combats qu'il faudrait mener. Le but de l'humaniste est ici de réduire les violences et d'éviter les combats.

Alors que l'humaniste qui a des convictions métaphysiques était prêt à tout sacrifier pour que règne la morale à laquelle il adhère, l'humaniste matérialiste n'est pas mû par le sacrifice : il gère son intérêt et d'une certaine manière sa paresse. C'est pourtant ce dernier que l'on appelle humaniste – à défaut d'un autre qualificatif – .

---

[46]Ici, pour faire simple, à la métaphysique j'oppose le matérialisme.

[47]On peut adhérer à une doctrine parce que c'est politiquement correct, parce que c'est plus facile à justifier, que la position est plus facile à tenir – donc par paresse – ou par ego, pour se particulariser, … tout ceci pouvant être authentiquement ressenti, mais inconsciemment non sincère, car le moteur est égoïste.

הושע י:ה : זִבְחֵי אָדָם, עֲגָלִים יִשָּׁקוּן

Osée 10:5[48]: Ceux qui sacrifient les hommes sont les mêmes qui embrassent des veaux

Ce n'est pas toujours par amour de l'humain que l'on est humaniste.

Dans cette forme d'humanisme, on évitera le conflit en plaidant directement pour le plus fort. On dira alors que c'est dans l'intérêt général. Dans la recherche d'un compromis, on ouvrira les enchères entre les protagonistes : comme l'affaire se conclura au « juste » milieu, chacun exagérera ses demandes pour déplacer le compromis final, le « milieu », vers son intérêt. Pour éviter les désordres, on fermera les yeux sur de petits lynchages, de petits pogroms, d'autant qu'ils ne concerneront de que petites minorités. Contre le moraliste – parce qu'il est croyant ou parce qu'il adhère à une métaphysique – qui n'est pas prêt à sacrifier sa morale, et qui entrera dans la controverse si le dialogue ne fonctionne pas, l'humaniste matérialiste concède au plus fort, sans combat, ce que le plus fort ne pourrait obtenir que par la force et la violence. Et c'est cet humaniste matérialiste que l'on perçoit comme humaniste authentique, tant cette idée est inattendue[49].

---

[48]D'autres traductions sont possibles pour ce passage, que l'hébreu délivre de manière énigmatique. J'ai choisi ici une traduction qui éclaire mon propos.

[49]Car, comme nous l'avons dit plus haut : un message ou une évènement produisent sur nous un effet d'autant plus considérable que le fait est improbable.

Dans cette logique, j'ai souvent été violemment interpellé par les discours anti-israéliens virulents que j'entends de la part de courants qui se disent humanistes, et qui sont, il faut l'admettre, souvent des mouvements qui se présentent comme mouvements de gauche, ou « progressistes ». Dans l'affaire, ils défendent tout simplement la position du plus fort, du plus nombreux, du moins démocratique, de celui qui dispose du terrain le plus étendu, du plus violent et du plus riche, contre le plus démocratique, le plus transparent, le plus humaniste et le plus faible[50]. Tout en se prétendant humanistes, il capitulent devant le plus fort et le plus agressif, pour défendre leurs intérêts particuliers, leur paresse morale et un certain vide métaphysique.

Mais ce sont ces matérialistes qui sont qualifiés d'humanistes, par opposition à ceux qui croient en l'homme par éthique et par amour.

---

[50]À ceux qui en doutent, je les invite à visiter Israël. Je ne prends aucun risque, car je suis sûr du résultat : tous ceux qui l'ont fait sont tombés amoureux de ce pays qui n'a rien à voir, absolument **rien**, avec ce que l'on en dit en Occident, et particulièrement en France et en Europe.

Déchiffrer des lettres

L'absence de Rachel

Choyé particulièrement par son père Jacob, Joseph était victime de jalousie et de haine de la part de ses frères. La Genèse au chapitre 37 nous raconte les rêves de Joseph, des rêves qu'il rapporte à ses frères et à son père, et qui lui valent une haine accrue de ses frères.

Au premier des rêves qui est décrit, Joseph se voit composant des gerbes en compagnie de ses frères quand les gerbes de ses frères se prosternent devant la sienne. L'insolence de ce rêve est palpable, qui fait peu de cas de la dignité de ses frères.

Au second rêve, il aperçoit le Soleil, la Lune et onze étoiles se prosternant devant lui. Il raconte ce rêve à son père et à ses frères, et son père le sermonne. Voici le texte exact :

בראשית כז : ' וַיְסַפֵּר אֶל אָבִיו וְאֶל אֶחָיו וַיִּגְעַר בּוֹ אָבִיו וַיֹּאמֶר לוֹ מָה הַחֲלוֹם הַזֶּה אֲשֶׁר חָלָמְתָּ הֲבוֹא נָבוֹא אֲנִי וְאִמְּךָ וְאַחֶיךָ לְהִשְׁתַּחֲוֹת לְךָ אָרְצָה 'א וַיְקַנְאוּ בוֹ, אֶחָיו וְאָבִיו שָׁמַר אֶת־הַדָּבָר

Bereshit (Genèse) 27: 10-11 : [10] Il le raconta à son père et à ses frères. Son père le blâma et lui dit: "Qu'est ce qu'un pareil songe? Eh quoi! Nous viendrions, moi et ta mère et tes frères, nous prosterner à terre à tes pieds!" [11] Les frères de Joseph le jalousèrent; mais son père retint l'affaire.

Donc Jacob proteste, mais il retient l'affaire – littéralement, il *garde* la chose – . Mais si Jacob a retenu l'affaire, c'est donc qu'elle était chargée de sens. Pourquoi proteste-t-il ? Jacob blâme Joseph pour son rêve insensé, un rêve où Joseph imagine que ses parents, c'est-à-dire son père Jacob et sa mère Rachel – qui est morte – viennent se prosterner devant lui … mais à la fin du compte, Jacob retiendrait l'affaire ?

Dans son propos, Jacob accepte et explicite un non dit du rêve de Joseph : les onze étoiles correspondent aux frères de Joseph, et le Soleil et la Lune représentent Jacob et Rachel. Jacob insiste sur la démesure du rêve de Joseph : voir ses parents de prosterner devant lui. Mais Jacob n'explicite pas le non sens qu'il y a à la participation de Rachel, puisqu'elle est morte. Il y a un ici un sujet qui est contourné : l'absence de Rachel est irrémédiable.

Sur ce sujet, il y a de nombreux commentaires. Disons sommairement que Jacob savait que le rêve de Joseph avait un sens et un poids historiques, et c'est pour cette raison que, tous comptes faits, il retient l'affaire. Jacob sait d'une certaine manière qu'il viendra un jour où ce rêve se réalisera, mais il ne sait pas quand cela se produira : il retient l'affaire. Les commentateurs s'appuient également sur ce passage pour dire que dans tout rêve il y a un peu de délire, une part d'insensé. Parce que le rêve est un défoulement de contrariétés refoulées, il est aussi le support de quelques excès. Le fait que Jacob retienne l'affaire nous apprend que la présence d'une certaine démesure dans un rêve ne le disqualifie pas pour être porteur de sens.

Ce que Jacob veut dire à Joseph, c'est qu'au moins une partie de son rêve n'a pas de sens. Mais il ne croit pas que le rêve de Joseph soit creux. Les commentateurs expliquent que Jacob use de diplomatie pour protéger Joseph de la jalousie de ses frères : il ridiculise ses rêves, tout en considérant que ces rêves sont porteurs de sens. Pour éviter que ses frères n'accordent trop d'importance aux rêves de Joseph, pour éteindre leur haine et leur jalousie, il diminue leur portée, il ridiculise leur interprétation. Afin d'éviter le conflit entre frères, il use de dérision.

De manière explicite, Jacob interprète le rêve de Joseph : il s'agit bien de Jacob et de Rachel qui viendraient se prosterner devant Joseph. Certes, l'idée de rêver que ses parents se prosternent devant lui est incongrue. Mais le plus insensé est de rêver que sa mère, morte, se prosterne devant Joseph. Ce que dit Jacob à Joseph aurait pu se dire explicitement : « Mais Rachel est morte ! ». C'est la réaction naturelle, lorsqu'on entend quelque chose d'inaudible, que de l'attaquer à sa source, de dire tout-de-suite ce qui bloque.

Mais ce n'est pas ce que dit Jacob. Il le suggère entre les lignes ... sans jamais mentionner l'absence de Rachel.

Mais peut-on vraiment dire que Jacob fait silence de l'absence de Rachel ?

Ré-examinons le texte. Voici à nouveau ce que dit Jacob à Joseph :

מָה הַחֲלוֹם הַזֶּה אֲשֶׁר חָלָמְתָּ הֲבוֹא נָבוֹא אֲנִי וְאִמְּךָ וְאַחֶיךָ לְהִשְׁתַּחֲוֹת לְךָ אָרְצָה

Les lettres grossies forment l'expression :

רָחֵל מֵתָה

Rachel est morte

Assurément, *l'artiste est muet.*

Subrepticement, de manière subliminale, par la simple sonorité du propos de Jacob, Joseph entend et comprend, sans peut-être s'apercevoir que ce message résonne en lui : sa mère n'est plus là.

*

Rachel, l'élue du cœur du patriarche Jacob, a une vie rude. Belle à entendre et belle à voir – יפת תואר ויפת מראה - , c'est ainsi qu'elle est présentée lorsque Jacob l'aperçoit au bord du puits, contrairement à Léah, sa sœur, dont le texte dit qu'elle avait les yeux tristes. Jacob demande la main de Rachel à Laban, son père, qui la lui promet contre sept années de travail comme berger. Mais au bout des sept années, ce n'est pas Rachel, mais Léah qu'il découvre après la nuit nuptiale. Laban justifie son escroquerie par le fait qu'il n'est pas d'usage, dans sa ville, de marier la plus jeune avant son aînée. Mais il suggère à Jacob de travailler sept années supplémentaires pour Rachel. C'est ce que fit Jacob, qui épousa Rachel comme deuxième épouse.

Le Midrash n'imagine pas que ce subterfuge de Laban ait pu se faire sans la participation de Léah, bien sûr, mais aussi et surtout celle de Rachel. Pour que Jacob se méprenne sur l'identité de la femme qu'il épousait, il fallait bien en effet que Léah connaisse quelques secrets qui s'étaient installés entre Rachel et Jacob. C'est donc par une sorte de compassion, ou d'obéissance à son père, que Rachel a donné à Léah la clef du cœur de Jacob, tout en se condamnant à n'être que la seconde femme de Jacob, voire même à n'être rien de cela.

Bien sûr, si Jacob s'était résigné à avaler l'escroquerie de Laban et s'il n'avait pas envisagé de l'épouser comme seconde femme, Rachel aurait définitivement perdu tout du cœur de Jacob. Mais, même avec ces épousailles, d'une certaine manière, sa position d'épouse de Jacob est bien fragile.

ויקרא יח:יח : וְאִשָּׁה אֶל אֲחֹתָהּ לֹא תִקָּח לִצְרֹר לְגַלּוֹת עֶרְוָתָהּ עָלֶיהָ בְּחַיֶּיהָ

Vayiqra [Lévitique] 18:18: N'épouse pas une femme avec sa sœur: c'est créer une rivalité, en découvrant la nudité de l'une avec celle de l'autre, de son vivant.

Le judaïsme interdit en effet à un homme d'épouser la sœur d'une première épouse, du vivant de la première épouse[51]. Certes, à l'époque de Jacob la Thora n'avait pas encore été révélée, mais la situation de Rachel fissure le fondement du judaïsme, puisqu'une des règles matrimoniales y est bafouée : Jacob épouse Rachel comme deuxième épouse, du vivant de Léah, sa sœur.

D'une certaine manière, avec un regard a posteriori, le mariage de Jacob avec Rachel est illicite, et, même après ce mariage – certes valide à l'époque – la position de Rachel est bien fragile. Certains commentateurs y voient la raison de son décès en couches, pendant l'accouchement de Benjamin. Car cette union imparfaite pouvait être supportée chez Laban, donc en dehors de la Terre d'Israël. Mais dès qu'elle rentre en Israël, la position de Rachel est problématique.

Rachel est la seule des quatre matriarches et des trois patriarches à n'être pas enterrée à Hebron. Elle fut enterrée par Jacob à Beth Léhem.

Pour de nombreux commentateurs, Rachel est associée à la souffrance d'Israël en diaspora. Lorsque les Hébreux furent exilés après la destruction du Temple, nombreux sont ceux qui quittèrent Jérusalem par le sud, passant à

---

[51]Le judaïsme des origines était polygame. Une polygamie modérée, dans la mesure où l'époux devait avoir l'assentiment libre de sa première femme. À ce consentement s'ajoutaient d'autres conditions : que les épouses vivent dans des maisons séparées, et que l'intimité de l'une ne souffre pas de celle de l'autre, etc. (Voir commentaires de Shemot [Exode] 21:10)

Beth Léhem, devant le tombeau de Rachel. D'une certaine manière, depuis le jour où les Hébreux ont été exilés, l'âme de Rachel accompagne les exilés jusqu'à leur retour sur la Terre d'Israël, ainsi que le dit ce verset :

ירמיהו לא:יד-טז ‏יד‏ כֹּה אָמַר ה' קוֹל בְּרָמָה נִשְׁמָע נְהִי בְּכִי תַמְרוּרִים רָחֵל מְבַכָּה עַל בָּנֶיהָ מֵאֲנָה לְהִנָּחֵם עַל בָּנֶיהָ כִּי אֵינֶנּוּ. ‏טו‏ כֹּה אָמַר ה' מִנְעִי קוֹלֵךְ מִבֶּכִי וְעֵינַיִךְ מִדִּמְעָה כִּי יֵשׁ שָׂכָר לִפְעֻלָּתֵךְ נְאֻם ה' וְשָׁבוּ מֵאֶרֶץ אוֹיֵב. ‏טז‏ וְיֵשׁ תִּקְוָה לְאַחֲרִיתֵךְ נְאֻם ה' וְשָׁבוּ בָנִים לִגְבוּלָם.

Jérémie 31:14-16: [14] Ainsi parle le Seigneur: «Une voix retentit dans Rama, une voix plaintive, d'amers sanglots. C'est Rachel qui pleure ses enfants, qui ne veut pas se laisser consoler de ses fils perdus! [15] Or, dit l'Éternel, que ta voix cesse de gémir et tes yeux de pleurer, car il y aura une compensation à ton acte, dit l'Éternel, ils reviendront du pays de l'ennemi. [16] Oui, il y a de l'espoir pour ton avenir, dit l'Éternel :
tes enfants rentreront dans leur frontière ».

Il y a une compensation à ton acte , à l'acte de sacrifice pour Léah … qui est la cause de la tragédie de Rachel, et les enfants reviendront dans leurs frontières. Les enfants : toutes les douze tribus sont appelées ici enfants de Rachel, car les enfants de Léah sont enfants du sacrifice de Rachel.

Rachel, enterrée seule au seuil de Jérusalem, est la garante du retour des exilés.

*

Confusion

Je l'ai annoncé en ouverture de mon propos : l'interprétation des Textes du judaïsme est l'objet d'un certain nombre de règles plus ou moins codifiées : on ne peut pas débattre et partager au sujet d'un texte ou de son commentaire sans se conformer à ces règles, sauf à se résoudre à garder pour soi la lecture subjective que l'on fait des textes.

Une de ces règles s'appelle le הֶקֵּשׁ – Hékesh – : ce principe stipule que deux sujets différents qui figurent dans un même verset ont nécessairement quelque chose en commun. Cette règle est logique : en effet, si l'expression de la Thora est pesée et précise, il n'y a pas de raison qu'elle aborde dans la même phrase deux sujets différents, sauf pour faire entendre qu'ils ne sont pas totalement différents, et qu'ils ont donc quelque chose en commun. En somme, le Hékesh nous invite à introduire un peu de confusion dans des choses que l'on serait enclin à dissocier.

Voici un exemple où s'applique le Hékesh :

כִּי-יִקַּח אִישׁ אִשָּׁה וּבְעָלָהּ וְהָיָה אִם-לֹא תִמְצָא-חֵן בְּעֵינָיו : דברים כד:א
כִּי-מָצָא בָהּ עֶרְוַת דָּבָר וְכָתַב לָהּ סֵפֶר כְּרִיתֻת וְנָתַן בְּיָדָהּ וְשִׁלְּחָהּ מִבֵּיתוֹ:

Dévarim (Deutéronome) 24:1: Quand un homme aura pris une femme et cohabité avec elle; si elle cesse de lui plaire[52], parce qu'il aura remarqué en elle quelque chose de malséant, il lui écrira un libelle de divorce, le lui mettra en main et la renverra de chez lui.

Puisque ce verset aborde deux sujets – le mariage et le divorce – pour énoncer une règle qui s'applique au divorce, c'est que cette même règle s'applique également au mariage.

---

[52]Il faut préciser ici que les choses ne vont pas comme elles semblent découler de ce verset : les lois juives du mariage et du divorce sont beaucoup plus attentives aux droits de la femme qu'il ne paraît en première lecture. Comme toujours, la première lecture n'est pas la bonne, lorsqu'il s'agit d'une lecture juive.

Par conséquent, s'il faut un contrat de divorce pour se séparer, c'est qu'il est nécessaire de faire aussi un contrat de mariage pour se marier.

Ceci étant posé – la règle du Hékesh – nous allons nous intéresser à un texte particulier où cette règle s'applique de manière naturelle. Ce texte est un passage encombrant de la Thora :

בראשית לה:כב וַיְהִי בִּשְׁכֹּן יִשְׂרָאֵל בָּאָרֶץ הַהִוא וַיֵּלֶךְ רְאוּבֵן וַיִּשְׁכַּב אֶת בִּלְהָה פִּילֶגֶשׁ אָבִיו וַיִּשְׁמַע יִשְׂרָאֵל וַיִּהְיוּ בְנֵי יַעֲקֹב שְׁנֵים עָשָׂר.

Béréshit [Genèse] 35:22: Il arriva, tandis qu'Israël résidait dans cette contrée que Ruben alla cohabiter avec Bilha, concubine de son père, Israël en fut instruit. Or, les fils de Jacob furent douze.

Ce passage forme un verset. Or, le Texte biblique de référence ne comporte aucune ponctuation. La tradition juive a établi le découpage en versets, mais n'a pas tranché concernant ce passage, qui peut être lu comme un seul verset, ou comme deux versets. D'ailleurs, lors des lectures publiques de la Thora, il est d'usage que l'officiant lise deux fois ce passage : une première fois comme un seul verset, et une seconde fois comme deux versets. Le découpage en deux versets se fait juste après « … et Israël en fut instruit ». De même, la tradition juive n'a pas non plus tranché sur la question de savoir si Ruben a fauté [53], si son comportement est condamnable, s'il a

---

[53]La relation intime n'est pas la seule possibilité dans une perspective au Ruben aurait fauté : dans le langage métaphorique de la Bible, il suffit que Ruben se soit immiscé dans un sujet qui concernait le couple pour que le texte considère que Ruben a fauté. Selon le Midrah, Ruben n'a pas eu de relation intime avec Bilha : il a pris le lit de son père Jacob, qui se trouvait dans la tente de Bilha, et l'a déposé dans la tente de sa mère Léah. En quelque sorte, Ruben ne reconnaît pas la légitimité de Bilha comme épouse de Jacob.

eu envers elle un comportement insolent qui a fait violence à l'intimité de son père[54].

En somme, si ce passage forme un seul verset, les fils de Jacob restent douze après le comportement de Ruben, et Ruben n'aurait pas fauté. Mais si ce passage forme deux versets, cela signifie que le dénombrement des enfants de Jacob, au nombre de douze, ne doit pas être mis en rapport avec le comportement de Ruben, et cela signifierait que ce dernier aurait fauté.

---

[54]La bénédiction de Ruben par Jacob, en Genèse 49:3-4, ne lève pas cette ambiguïté :

ג רְאוּבֵן בְּכֹרִי אַתָּה, כֹּחִי וְרֵאשִׁית אוֹנִי--יֶתֶר שְׂאֵת, וְיֶתֶר עָז.

ד פַּחַז כַּמַּיִם אַל-תּוֹתַר, כִּי עָלִיתָ מִשְׁכְּבֵי אָבִיךָ; אָז חִלַּלְתָּ, יְצוּעִי עָלָה.

[3] Ruben! Tu fus mon premier-né, mon orgueil et les prémices de ma vigueur: le premier en dignité, le premier en puissance. [4] Impétueux comme l'onde, tu as perdu ta noblesse! Car tu as attenté au lit paternel, tu as flétri l'honneur de ma couche

Le compte est bon

ישעיה ס:כב: אֲנִי ה' בְּעִתָּהּ אֲחִישֶׁנָּה

Isaïe 60:22: Je suis l'Éternel; à son heure Je la précipiterai [la délivrance]

Une question s'impose alors : si c'est « à son heure », que signifie « Je la précipiterai » ? Et si elle est précipitée, que signifie « à son heure » ?

À cela Rashi répond, de manière laconique :

בעתה אחישנה. זכו אחישנה לא זכו בעתה:

À son heure je la précipiterai: s'ils sont méritants, Je la précipiterai; mais s'ils ne sont pas méritants, ce sera à son heure[55].

*

Avant l'entrée des Hébreux en terre de Canaan, Moïse leur tient un long discours de mise en garde et de morale. Il

---

[55]On retrouve cette même interprétation dans Zohar Béréshit p. 117b.

annonce notamment à son peuple qu'il aura à subir des souffrances, qu'il sera exilé et opprimé, qu'il sera la risée de tous peuples.

En matière de politique et de démagogie élémentaire, Moïse apparaît ici comme incompétent.

Quel homme politique aurait l'idée bizarre d'annoncer à son peuple que ses combats et ses guerres à venir son vains, qu'après la conquête il sera dépouillé et exilé ? Quel homme politique se hasarderait à promette à son peuple autre chose que des jours meilleurs, où sa cause serait victorieuse ?

Au contraire, au chapitre 29 du Deutéronome, Moïse annonce à Israël que son avenir passera par le ténèbres, et qu'il devra les combattre.

[23] Alors, les peuple se demanderont «À quel propos l'Éternel a-t-il ainsi traité ce pays? Pourquoi s'est allumée cette grande colère?».

et de poursuivre :

[25] parce qu'ils sont allés servir des divinités étrangères et se prosterner devant elles, des divinités qu'ils ne connaissaient point et qu'ils n'avaient pas reçues en partage. [26] Alors la colère de l'Éternel s'est allumée contre ce pays-là, au point de diriger sur lui toutes les malédictions écrites dans ce livre; [27] et l'Éternel les a arrachés de leur sol avec colère, animosité, indignation extrême, et il les a jetés sur une autre terre comme cela se voit aujourd'hui.

… la Thora nous donne ici une prophétie dont on ne peut certes contester la véracité, hélas !, mais qui révèle au sujet de Moïse un piètre talent politique. Quel leader politique irait mener son peuple avec des promesses de jours pires, de guerres gagnées, mais pour rien, de souffrances et de dispersion ?

… sauf si le talent politique n'est pas la question qui intéresse Moïse … Devant la vérité, la politique et la démagogie s'effacent. Puis, Moïse poursuit, au chapitre 30 verset 1 :

וְהָיָה כִי-יָבֹאוּ עָלֶיךָ כָּל-הַדְּבָרִים הָאֵלֶּה

Il adviendra, lorsque te seront survenus tous ces évènements

… Moïse annonce alors le repentir d'Israël, et sa réconciliation avec l'Éternel :

וְשָׁב ה' אֱלֹהֶיךָ אֶת-שְׁבוּתְךָ, וְרִחֲמֶךָ; וְשָׁב, וְקִבֶּצְךָ מִכָּל-הָעַמִּים, אֲשֶׁר הֱפִיצְךָ ה' אֱלֹהֶיךָ, שָׁמָּה. ד אִם-יִהְיֶה נִדַּחֲךָ, בִּקְצֵה הַשָּׁמָיִם--מִשָּׁם, יְקַבֶּצְךָ ה' אֱלֹהֶיךָ, וּמִשָּׁם, יִקָּחֶךָ.

Dévarim [Deutéronome] 30:3-4 : [3] l'Éternel, ton Dieu, te prenant en pitié, mettra un terme à ton exil, et il te rassemblera du sein des peuples parmi lesquels il t'aura dispersé. [4]Tes proscrits, fussent-ils à l'extrémité des cieux, l'Éternel, ton Dieu, te rappellerait de là, et là même il irait te reprendre.

Un incroyable et improbable retour d'un peuple autrefois vaincu, banni, éparpillé et asservi, des milliers d'années plus tard, un évènement contraire à toute logique politique. Un peuple qui survit à la défaite totale et à l'éparpillement. Mais cela n'encombre pas Moïse, qui poursuit :

וֶהֱבִיאֲךָ ה' אֱלֹהֶיךָ, אֶל-הָאָרֶץ אֲשֶׁר-יָרְשׁוּ אֲבֹתֶיךָ--וִירִשְׁתָּהּ; וְהֵיטִבְךָ וְהִרְבְּךָ, מֵאֲבֹתֶיךָ.

Dévarim [Deutéronome] 30:5: L'Éternel ton Dieu te ramènera dans le pays qu'auront possédé tes pères et tu le posséderas à ton tour, et il te rendra florissant et nombreux plus que tes pères.

C'est un drôle de discours!

Moïse se tient devant un peuple qui s'apprête à mener une guerre, un peuple qui peut avoir peur du combat, et lui annonce que cette guerre sera victorieuse, mais qu'elle sera vaine : cette conquête et cette victoire seront éphémères. Israël connaîtra les ténèbres, éparpillé, asservi et moqué par tous les peuples de la Terre. Et à ce peuple qui n'a pas encore de terre, il promet que ses descendants reviendront, posséderont à nouveau cette terre, et s'y développeront plus heureux et florissants que … leurs pères, c'est-à-dire le peuple qui se tient devant Moïse.

*

Ce peuple qui n'a jamais eu de terre, qui rêve d'en avoir une et s'apprête à mener des guerres pour cela, aimerait entendre son leader lui parler de lui, de jours meilleurs, de ce qui l'attend. Ce n'est pas assez que Moïse ne parle pas de jours meilleurs, non seulement il leur annonce des malheurs, mais lorsqu'il leur parle de la conquête de cette terre, il ne parle pas d'eux, pas de leur génération, mais d'une autre génération qui viendra bien plus tard, près de trois millénaires plus tard.

*

La Thora comporte au total 5845 versets[56]. Mais si l'on compte le passage concernant Ruben et Bilha abordé plus haut comme deux versets, la Thora comporte alors 5846 versets.

Le cinquième livre de la Thora, Dévarim [Deutéronome] comporte 34 chapitres.

Voici pour les cinq derniers chapitres, les chapitres 30 à 34, les nombres de versets :   pour le chapitre 30 : 20 versets ; chapitre 31 : 30 versets ; chapitre 32 : 52 versets ; chapitre 33 : 29 versets ; chapitre 34 : 12 versets ;

Par conséquent le verset 5 du chapitre 30 dont nous parlons :

וֶהֱבִיאֲךָ ה' אֱלֹהֶיךָ, אֶל-הָאָרֶץ אֲשֶׁר-יָרְשׁוּ אֲבֹתֶיךָ--וִירִשְׁתָּהּ; וְהֵיטִבְךָ וְהִרְבְּךָ, מֵאֲבֹתֶיךָ.

Dévarim [Deutéronome] 30:5: L'Éternel ton Dieu te ramènera dans le pays qu'auront possédé tes pères et tu le posséderas à ton tour, et il te rendra florissant et nombreux plus que tes pères.

---

[56]De nombreuses éditions de la Thora donnent le nombre de versets de chaque section de lecture hebdomadaire de la Thora – à la fin de chaque section hebdomadaire – , de chaque livre de la Thora – à la fin de chaque livre – , ainsi que le nombre total de versets de la Thora. Des moyens mnémotechniques et des symboliques sont associés à ces décomptes.

Pour ce qui concerne le nombre total de mots de la Thora, le moyen mnémothechnique est אור החמה , « La lumière du Soleil ». Le mot החמה – le Soleil – est formé de lettres dont les valeurs numériques sont 5, 8, 40 et 5, et la lecture de ce mot en notation décimale donne 5.845.

ce verset qui annonce le retour d'Israël sur sa terre a pour position :

$$5846 - 20 - 30 - 52 - 29 - 12 + 5 = 5708$$

Cette position est obtenue en retranchant du total de versets de la Thora les nombres de versets des chapitres 30 à 34, puis en ajoutant 5 pour le cinquième verset du chapitre 30.

Ce verset est donc le cinq-mille-sept-cent-huitième verset de la Thora.

La déclaration d'indépendance de l'État d'Israël a été prononcée par David Ben Gurion le 14 mai 1948, 5 Iyar cinq-mille sept-cent huit du calendrier hébraïque.

Avant de tourner cette page, je veux adresser une pensée à ma mère, à son souvenir, elle qui fut une conquérante téméraire du savoir et de l'esprit, amoureuse enthousiaste de tout ce qui fait la vie, et particulièrement la *rencontre*. Je me souviens de la manière dont son visage s'illuminait lorsque se présentait à elle l'opportunité d'entendre l'âme de son interlocuteur, et de lui présenter la sienne, sous la double dimension de la noblesse et de la dérision : noblesse de la grandeur humaine et des défis relevés chaque jour, joyeuse dérision de la modeste condition humaine.

BIBLIOGRAPHIE

Ce travail s'appuie abondamment sur des références :

- à la Thora et à la Bible,

- aux œuvres midrashiques fondamentales :Midrash Rabba, Midrash Tanhuma, Yalqut Sim'oni,

- aux principaux commentateurs du canon Mikraot Gdolot, et en particulier Rashi, Siftei Hachamim, Or HaHhayim, Sforno, NaHmanide

- au Talmud

- au Zohar, ponctuellement

En outre, les références suivantes sont utilisées :

1. *Tosfot Yom Tov,* commentaire sur la Mishna

2. *Tif'éreth Israël* : commentaire de la Mishna de R. Israël Lipschitz

3. *Pardes* : œuvre kabbaliste fondamentale de R. Haïm Vital

4. *Midrash Pliah* ou *Midrash de l'émerveillement*

5. *Midrash Shmuel* de Rabbi Shmuel ben Isaac de Uçeda

6. *Sefer HayoHasin* de R. Abraham Zaccuto

Enfin, entre autres références scientifiques ou littéraires, les références suivantes sont utiles :

7. *Matière à Contredire,* Étienne Klein, Éditions L'Observatoire, 2018.

8. *Discours sur l'origine de l'univers*, Étienne Klein, Flammarion, 2016

9. *Les applications des Mathématiques* – Les Encyclopédies du savoir moderne , p184 – René Boire

10. Bernard d'Espagnat *« La réalité pourquoi et comment ? »* in Revue internationale de philosophie, La Mécanique Quantique n°212

Quelques références sont faites à la physique quantique ou à la cosmologie. Pour le lecteur qui veut approfondir ces sujets, les lectures suivantes sont pertinentes :

11. *Mécanique Quantique* , Claude Cohen-Tannoudji, Bernard Diu, et al. , Coédition CNRS, 2018

12. *The Principles of Physical Cosmology*, Philip James Edwin Peebles, Princeton University Press, 1993

TABLE DES MATIÈRES

DU MÊME AUTEUR

La Clef des Temps, une lecture biblique de la science,
Kedma Editions – 2009